ChatGPT-4
par l'exemple et dans Bing

Daniel Martin

Présentation de l'ouvrage

3ème édition, avec l'impact de l'IA sur la société et l'emploi
Publication : 11/06/2023

Après des études d'ingénieur et d'astronomie suivies de cinq années d'enseignement-recherche, Daniel Martin a fait une carrière internationale d'informaticien spécialiste des bases de données.

Ce livre sur les logiciels et services ChatGPT-4 et Bing s'adresse à des utilisateurs non informaticiens, au moyen d'exemples de dialogue en langage naturel. En 151 pages A4, plus de 150 exemples faciles à comprendre, à reproduire et à adapter au clavier d'un PC ou Mac connecté à Internet couvrent toutes sortes de domaines :

- Notions sur l'intelligence artificielle ;
- Fonctions de ChatGPT-4 ;
- Fonctions des nouveaux Bing, Bing Image Creator et Bing Chat ;
- Dialogues avec ces logiciels de la connexion initiale à la formulation des questions et au retour sur une question d'il y a quelques jours ;
- Exemples de recherches sur le Web, y compris avec des critères numériques inaccessibles aux moteurs actuels comme Google, sur toutes sortes de sujets : économie, politique, sociologie, physique, produits vendus, énergie… ;
- Description synthétique de technologies, de procédés ou de méthodes ;
- Générations automatiques de textes en français, demandées en langage naturel :
  - Résumés de textes Internet ;
  - Synthèses d'œuvres littéraires ou philosophiques d'auteurs, et d'articles sur un sujet particulier ;
  - Argumentaires, discours ou tweets pour ou contre un sujet économique, politique, social ou artistique ;
- Traduction de textes entre 2 langues parmi les 28 connues par ChatGPT-4 ;
- Analyse des conséquences économiques, sociales ou politiques d'une hypothèse de l'utilisateur ;
- Rédaction en prose ou en vers, éventuellement à la manière d'un auteur connu, de textes sur un sujet fourni par l'utilisateur ;
- Conseils pour atteindre un objectif décrit en langage naturel ;
- Philosophie : synthèses et comparaison des doctrines de philosophes, réponses aux sujets classiques sur la vie ou la morale ;
- Génération automatique de programmes traitant un sujet décrit par l'utilisateur ;
- Bases de données relationnelles et leur utilisation en langage naturel grâce à la génération par ChatGPT-4 de requêtes SQL…

Le livre conclut sur des remarques concernant les problèmes posés par les nouveaux outils Web d'intelligence artificielle : bouleversement de la société et de la politique, création et destruction d'emplois, sécurité, impacts sur l'enseignement, etc.

Table des matières

1 Quelques notions utiles avant de travailler avec ChatGPT-4 — 11
  1.1 Outils de dialogue utilisant l'Intelligence artificielle — 11
    1.1.1 Une nouvelle interface utilisateur — 11
    1.1.2 L'intelligence artificielle — 11
      1.1.2.1 Qu'est-ce que l'intelligence artificielle ? — *11*
      1.1.2.2 Qu'est-ce que le « deep learning » ? — *12*
      1.1.2.3 AlphaGo et le champion du monde de jeu de Go — *13*
      1.1.2.4 Qu'est-ce que l'apprentissage par renforcement — *14*
    1.1.3 Caractère « humain » de l'intelligence artificielle — 14
      1.1.3.1 Décrivez le test de Turing — *14*
      1.1.3.2 En dehors du test de Turing quels sont les critères d'évaluation du caractère humain de l'IA? Pour ChatGPT-4 citer les arguments pour et contre la nature humaine de son intelligence. Citer des textes Web en français ou en anglais sur le sujet du degré d'humanité de l'IA, avec leurs adresses — *15*
    1.1.4 Synthèse des comparaisons : IA faible et IA forte — 19
      1.1.4.1 Définir l'IA faible, l'IA forte et leurs différences — *19*
  1.2 Comment fonctionne ChatGPT-4 ? — 20
    1.2.1 Langage naturel (paragraphe technique, lecture non indispensable) — 21
      1.2.1.1 Expliquer Large Language Model — *21*
    1.2.2 Architecture logicielle (paragraphe technique, lecture non indispensable) — 23
      1.2.2.1 Qu'est-ce que l'architecture Transformer sur laquelle GPT est basé ? — *23*
      1.2.2.2 Dans un dialogue avec GPT, celui-ci peut se souvenir de combien d'échanges successifs 'séquence d'entrée' - 'séquence de sortie' ? — *24*
      1.2.2.3 Comment fonctionne l'entrainement de GPT? Quelles sont ses étapes, quels sont ses résultats, quelles sont ses limites, quels sont ses biais? — *25*
    1.2.3 Conseils de prudence concernant l'emploi de résultats générés par l'IA — 26
      1.2.3.1 Combien de paramètres sont utilisés par OpenAI dans GPT-3? — *28*
      1.2.3.2 Qu'apporte ChatGPT-4 par rapport à ChatGPT-3 ? — *28*
      1.2.3.3 Quelles sont les nouveautés de GPT-4 par rapport à GPT-3? — *28*
    1.2.4 Exemple de traduction d'un article sur les dangers de l'IA — 29
      1.2.4.1 Traduire 'The Godfather of A.I.' Leaves Google and Warns of Danger Ahead… — *29*
    1.2.5 Test de temps humain de traduction pour évaluer l'intérêt de ChatGPT-4 — 32
      1.2.5.1 Résumer en français l'article dont la traduction commence par "Un article affirmant que la science devrait être impartiale a été rejeté par des revues majeures. Cela ne s'invente pas" et se termine par "C'est ainsi, après tout, que fonctionne la science" — *33*
    1.2.6 Langues connues par ChatGPT-4 — 33
      1.2.6.1 Citer les langues connues par ChatGPT. Cette connaissance suffit-elle pour traduire un texte de n'importe quelle langue en n'importe quelle autre ? — *33*
      Compte tenu de ces limitations de traduction, lorsque GPT résume en français un texte Internet en anglais quelle confiance peut-on avoir dans la qualité de ce résumé? Même question concernant la qualité d'une synthèse en français de l'œuvre d'un philosophe allemand. — *33*
    1.2.7 Génération de programmes à partir d'une demande en langage naturel — 34
      1.2.7.1 En quels langages de programmation ChatGPT-4 peut-il générer du code? — *34*
      Générer en langage C un programme de calcul des 1000 premiers nombres premiers — *34*
  1.3 Annonces IA de Microsoft et Amazon en mars et avril 2023 — 35

2 Comment dialoguer avec ChatGPT — 36
  2.1 Première connexion — 36
  2.2 Premier dialogue — 39
    2.2.1 Commandes acceptées par ChatGPT-4 — 39
      2.2.1.1 Lister les commandes acceptées par GPT — *39*

	2.2.2	Dialogue de calcul du nombre de jours solaires moyens en une année	40
		2.2.2.1 Définition d'un jour solaire moyen	*40*
		Dans une année combien y a-t-il de jours solaires moyens?	*40*
		Compte tenu des années bissextiles, combien y a-t-il en moyenne de jours par an?	*40*
		Le calcul précédent ne tient pas compte des années divisibles par 400. Combien y a-t-il de jours par an si on en tient compte?	*40*
3	**Exemples d'utilisation de ChatGPT-4, BING et Google**		**42**
	3.1	Recherches sur le Web	42
		3.1.1.1 Lister et comparer les outils Internet comme Google et Bing permettant de faire des recherches en les triant par système d'exploitation	*42*
	3.1.2	Recherche comprenant un critère de valeur numérique	42
		3.1.2.1 Quels sont les présidents de la République française élus avant l'âge de 60 ans?	*43*
	3.1.3	Génération d'images à partir d'un descriptif en langage naturel	44
		3.1.3.1 (DALL-E2) Une cité de l'avenir avec des bâtiments grands et petits et plusieurs niveaux de routes qui se croisent	*45*
	3.2	ChatGPT-4 peut écrire en prose et en vers	46
		3.2.1.1 Ecrire un conte pour enfants où il est question d'animaux	*46*
		Ecrire un conte pour enfants où il est question d'animaux	*46*
		3.2.1.2 Ecris un poème en alexandrins dans le style de Victor Hugo sur un combat entre Vulcain, dieu des forgerons, et Apis, dieu taureau des Egyptiens.	*47*
		3.2.1.3 Ecris-moi une fable dans le style de Jean de la fontaine entre un lièvre et une tortue	*48*
	3.3	ChatGPT peut-il mentir ?	49
		3.3.1.1 Nous venons de constater que ChatGPT peut inventer des histoires. Alors comment distinguer dans ses réponses ce qui est vrai de ce qui est faux ?	*49*
	3.3.2	Les hallucinations	50
		3.3.2.1 Quand tu n'as pas suffisamment de données pour répondre à la question posée, n'inventes tu jamais de réponse ?	*50*
	3.4	Création d'argumentaires	50
	3.4.1	Textes promotionnels	50
		3.4.1.1 Rédige un texte promotionnel pour des vacances en Corse	*50*
		3.4.1.2 Je suis un vendeur de 4 types voitures, selon leur source d'énergie : 100% électrique, hybride, hybride rechargeable, essence. Pour chacun des 3 profils de client suivants citer les arguments de vente de chaque type de voiture selon son prix de revient annuel. Le Petit rouleur parcourt moins de 10000 km par an, le Moyen rouleur parcourt entre 10000 et 25000 km par an et le Grand rouleur parcourt plus de 25000 km par an.	*51*
	3.4.2	Discours politiques	52
		3.4.2.1 Discours du Président de la République française présentant un argumentaire complet en faveur du report de l'âge légal de départ à la retraite de 62 à 65 ans : arguments de l'évolution démographique, de l'âge légal adopté par les autres pays de l'UE, du besoin économique de travailler plus pour le niveau de vie et la compétitivité internationale, etc.	*52*
		3.4.2.2 Discours du secrétaire général de la CGT opposé à tout report de l'âge légal de départ à la retraite, avec les arguments suivants : existence d'une forte majorité de français opposés à tout report, droit des travailleurs au repos, injustice faite à ceux qui ont commencé à travailler avant 20 ans ou ont des métiers pénibles, et existence d'une autre solution pour financer les retraites, taxer davantage les riches.	*53*
		3.4.2.3 Editorial d'un sociologue politiquement neutre qui compare les deux points de vue précédents et propose une solution concernant l'âge légal de départ à la retraite.	*54*
	3.4.3	Textes personnels pour convaincre	55
		3.4.3.1 Une veuve qui veut se remarier cherche un menu qu'elle pourrait cuisiner pour impressionner l'homme qu'elle a invité. Donner une idée de menu lui permettant de montrer ses talents de cuisinière.	*55*
		3.4.3.2 Rédige un tweet qui proteste furieusement contre la malbouffe à la cantine	*56*

			3.4.3.3	Rédige un mail d'une femme à son amant annonçant qu'elle le quitte parce qu'elle a trouvé un homme plus jeune et plus riche, et lui demandant de passer à l'appartement prendre ses affaires	56
3.5		Conseils pour atteindre un objectif donné			56
	3.5.1	Premiers exemples			56
		3.5.1.1		Rédige une liste de conseils aux particuliers et aux agriculteurs pour économiser l'eau	56
		3.5.1.2		Rédiger un dialogue dans une librairie entre un étudiant qui cherche un roman facile à résumer en 10 minutes en classe et un libraire qui cherche à lui vendre « A la recherche du temps perdu » de Proust	57
		3.5.1.3		Idées de contenu pour écrire un roman d'amour	58
		Donne moi des idées de contenu pour écrire un roman d'amour qui se passe au moyen-âge entre une jeune princesse et l'écuyer d'un chevalier à qui la princesse a été promise			*58*
	3.5.2	Importance de la possibilité de reposer la question précédente			59
		3.5.2.1		Combien y a-t-il de titres dans La comédie humaine de Balzac?	59
	3.5.3	Autres exemples			61
		3.5.3.1		J'ai un chat qui n'accepte de manger que les aliments à base de poisson ou de viande. Quelles règles nutritionnelles faut-il respecter dans le choix des aliments pour chat qu'on trouve en grande surface ? Citer des marques de nourritures équilibrées.	61
		3.5.3.2		Citer des livres sur le dressage des chats	62
		Regenerate response			*63*
		3.5.3.3		Citer des livres disponibles en français qui argumentent contre la dictature, le totalitarisme et le communisme, en particulier ceux de Hayek et de Arendt. Pour chacun, citer ses principaux arguments, le nom de l'auteur et la date de sa publication	63
		3.5.3.4		Rappelle-moi les règles de l'accord du participe passé	64
	3.5.4	Retrouver des noms de personnes ou de choses dont on ne se souvient que d'un détail			65
		3.5.4.1		Citer le nom d'une ville de Provence où Picasso a vécu	65
		3.5.4.2		Quels peintres célèbres ont vécu à Saint Paul de Vence?	65
		3.5.4.3		Citer des paquebots ou des navires de croisière dont le nom commence par la lettre C. Pour chacun donner l'adresse d'une page Web qui le décrit	66
	3.5.5	Conseils de jardinage			69
		3.5.5.1		Y a-t-il des variétés de kiwis qu'on peut faire pousser dans la région parisienne?	69
		3.5.5.2		Mon logement est petit. Quelles plantes d'appartement peux-tu me conseiller qui ont moins de 50 cm et n'ont pas besoin d'arrosages fréquents ? Pour chaque plante citer une page web qui la décrit.	69
3.6		Recherche de produits ou de technologies			70
		3.6.1.1		Lister les types d'instruments d'imagerie 3D utilisés en médecine, géologie, astronomie, paléontologie, archéologie, zoologie, botanique, photographie, conception de pièces, fabrication. Dans chacun de ces domaines citer des fournisseurs avec leurs adresses Web.	70
		3.6.1.2		Qu'est-ce qu'une pompe à chaleur? Pour une maison ou un immeuble comparer les avantages et inconvénients d'une pompe à chaleur, d'une chaudière à gaz, d'une chaudière au fioul et d'une chaudière à bois	74
		3.6.1.3		Citer les technologies d'isolation thermique utilisées dans le bâtiment ? Pour chacune citer un produit isolant et la page Web de son fournisseur. Enfin, comparer ces technologies en citant leurs avantages et inconvénients.	79
		3.6.1.4		Quelles sont les innovations apportées par Gustave Eiffel aux techniques de construction ? Citer des ouvrages d'Eiffel, avec pour chacun sa date de construction, sa taille, ce qu'il a d'innovant pour son époque et une page Web qui le décrit.	80
3.7		Synthèses des textes Internet sur un sujet donné			81
	3.7.1	Situation politique, économique, sociale, etc.			81
		3.7.1.1		Décrivez la situation au Yémen compte tenu de la rébellion en cours : population, PIB par habitant, niveau d'éducation, situation alimentaire, état sanitaire, situation politique, nature du conflit, etc.	81

		3.7.1.2	Quels pays de l'Union européenne ont eu une croissance ininterrompue du PIB depuis 10 ans?	82
		3.7.1.3	Comparer les doctrines économiques de Keynes et de Friedman	83
		3.7.1.4	Quels sont les défis de l'Union Européenne et des pays du Golfe en matière d'aide humanitaire?	85
	3.7.2	Sciences dures ou sciences humaines		86
		3.7.2.1	Définir la psychologie et les diverses disciplines rassemblées sous ce nom	86
		3.7.2.2	Selon nos lois de la Physique, une action peut-elle avoir lieu de l'extérieur vers l'intérieur de l'Univers, ou de l'intérieur vers l'extérieur de l'Univers?	88
	3.7.3	Synthèses multidisciplinaires de connaissances		89
		3.7.3.1	Qu'est-ce que la vie ? Citer les points de vue des biologistes, des naturalistes, des philosophes et des sociologues, avec leurs sources Web	89
3.8	Analyses de textes pour répondre à une question			90
		3.8.1.1	CNews condamnée à 200 000 euros d'amende pour des propos d'Éric Zemmour. Est-ce une bonne ou une mauvaise nouvelle pour les téléspectateurs?	90
		3.8.1.2	Définir deepfakes	91
3.9	Médecine			91
	3.9.1	Diagnostic		91
		3.9.1.1	Un patient a été opéré de la prostate. Il a subi une adénomectomie par voie sus-pubienne. On a alors découvert sur l'histologie un carcinome de la prostate Gleason 6 avec PSA élevé à 77, affection immédiatement traitée avec du Casodex. Son PSA est descendu en 8 mois à 14, puis est remonté en 5 mois à 24. Sa créatinine et sa cytologie sont normales. Quel diagnostic faut-il faire pour ce patient, et quel traitement prescrire ?	91
	3.9.2	Comparaison de désinfectants		93
		3.9.2.1	En tant qu'antiseptiques comparer Alcool à 90° et Biseptine. Citer d'autres produits désinfectants	93
3.10	Economie			93
	3.10.1	Exemples simples		93
		3.10.1.1	Citer des exemples d'utilisation de ChatGPT en économie accompagnés des liens Internet vers les pages qui les décrivent	93
		3.10.1.2	Quels sont les impacts du COVID-19 sur les divers secteurs économiques en France ?	94
	3.10.2	Fusions et acquisitions d'entreprises : avantages et risques		96
		3.10.2.1	Une entreprise internationale envisage d'acheter une petite entreprise française de son secteur d'activité. Lister tous les avantages que l'entreprise internationale peut tirer de cette opération, et tous ses risques. Citer des ouvrages sur ce sujet	96
		3.10.2.2	Deux grands groupes industriels envisagent de s'associer par échange d'actions. Lister tous les avantages que ces groupes peuvent espérer de cette fusion et les risques contre lesquels ils doivent se prémunir.	98
		3.10.2.3	Quel est le pourcentage de fusions ou acquisitions d'entreprises qui échouent dans les 5 premières années, et quelles sont les raisons d'échec les plus fréquentes ?	100
	3.10.3	Absorption d'une banques d'affaires par une autre banque d'affaires		101
		3.10.3.1	Quels sont les risques d'échec dans l'absorption d'une banque d'affaires par une autre banque d'affaires ? Quelle est le pourcentage d'échecs de ce genre d'opération dans les 5 ans ? Citer des exemples de pages Web rapportant de tels échecs.	101
3.11	Physique, chimie, biologie moléculaire			102
	3.11.1	Physique atomique		102
		3.11.1.1	Lister les éléments super-lourds avec leurs durées de vie	102
		3.11.1.2	Qu'est-ce qu'une particule alpha? et une particule bêta?	103
		3.11.1.3	Dans les niveaux d'énergie des atomes il existe une structure fine et une structure hyperfine. Définir ces trois niveaux et résumer les étapes historiques de leur découverte	104
		3.11.1.4	En physique, quelles sont les différences entre les effets Lamb et Lamm ? Donner une réponse détaillée avec des exemples et des adresses de pages Web	104

	3.11.2	Chimie	105
		3.11.2.1 Qu'est-ce qu'un sesquioxyde? En donner des exemples avec leurs pages Web d'origine	105
	3.11.3	Utilisation de l'IA en biologie moléculaire	107
	3.11.4	Conclusion : utilisation de l'IA pour prédire des évolutions physiques	108
3.12	Philosophie		108
	3.12.1	Tests avec ChatGPT-4	109
		3.12.1.1 Raisonnement de Kant sur la possibilité de démontrer l'existence de Dieu	109
		Quelles sont les étapes du raisonnement personnel de Kant concernant l'existence de Dieu?	*109*
		Selon Kant, l'existence de Dieu peut-elle être prouvée par un raisonnement de logique pure?	*110*
		Selon Kant, l'existence de Dieu peut-elle résulter d'une loi de la nature?	*111*
		Selon Kant, l'existence de Dieu peut-elle résulter de celle d'un phénomène, c'est-à-dire d'une constatation physique?	*111*
		Peut-on démontrer que l'Univers n'a pas été créé par Dieu ?	*112*
		Quelle est la différence entre les adjectifs transcendant et transcendantal?	*112*
		3.12.1.2 Comparer la doctrine morale de Kant à l'utilitarisme	113
	3.12.2	Quelques comparaisons avec Bing et Bing Chat	114
		3.12.2.1 Comparer la doctrine morale de Kant à l'utilitarisme	114
		3.12.2.2 Si je suis obligé de choisir entre laisser mourir dix personnes ou faire mourir une seule personne, que dois-je choisir ?	115
	3.12.3	Comparaison synthétique de diverses philosophies	116
		3.12.3.1 Qu'est ce que la phénoménologie? Sur ce sujet, comparer les philosophies de Husserl, Heidegger et Sartre	116
		3.12.3.2 Selon les diverses cultures et philosophies, comment définit-on le bonheur et quels conseils donne-t-on pour l'atteindre ?	117
3.13	Sociologie		119
		3.13.1.1 Je voudrais apprendre la sociologie en lisant des livres en français. Quels livres me conseillez vous ? Pour chacun, résumer les connaissances qu'il apporte à la sociologie, et donner la date de sa première parution et le nom de son auteur.	119
		3.13.1.2 Résumer l'œuvre de Raymond Aron et ses principaux ouvrages. A-t-il apporté une contribution intéressante à la sociologie, et si oui laquelle. Donner ses dates de naissance et de décès.	119
4	**Bing, Bing Image Creator et Bing Chat**		**121**
	4.1.1	Nouvelles fonctions	121
		4.1.1.1 Décrire les fonctions de Bing, Bing Image Creator et Bing Chat disponibles à partir de mai 2023	121
		4.1.1.2 Premier contact avec Bing et Bing Chat et comparaison avec Google	121
		4.1.1.3 Quel est l'apport de l'IA dans Bing?	125
		4.1.1.4 Quelles fonctionnalités Bing Chat a-t-il de plus par rapport à Bing?	125
	4.1.2	Accès à Bing Chat	127
		4.1.2.1 Sur quels systèmes d'exploitation Bing et Edge sont-ils disponibles?	127
		4.1.2.2 Comment accéder à Bing Chat?	127
	4.1.3	Bing Image Creator, nouveau générateur d'images	128
	4.1.4	Reconnaissance d'images par Bing	129
		4.1.4.1 Qui est l'homme dans l'image	129
		4.1.4.2 Qu'y a-t-il dans cette image ?	129
		4.1.4.3 Quel est ce blindé américain ?	130
	4.1.5	Différences entre Bing, d'une part, et ChatGPT-4 et Bing Chat d'autre part	132
		4.1.5.1 En tant qu'antiseptiques comparer Alcool à 90° et Biseptine. Citer d'autres produits désinfectants	132
		4.1.5.2 Quel est le déficit de la France en 2023 ?	134
5	**Bases de données**		**135**
5.1	Généralités		135
		5.1.1.1 Qu'est-ce qu'une base de données?	135

	5.2	Bases de données relationnelles	136
		5.2.1 Origine	136
		5.2.1.1 Décrire la théorie des bases de données relationnelles de E. F. Codd	*136*
		5.2.1.2 En informatique de gestion , quels sont les avantages d'un SGBD relationnel par rapport à l'emploi de fichiers traditionnels?	*137*
		5.2.1.3 Citer des logiciels d'application largement utilisés basés sur un SGBD-R, avec pour chacun un lien Internet vers la société qui le commercialise	*138*
		5.2.2 Demandes en langage naturel à ChatGPT-4 qu'il traduit en langage SQL	138
		5.2.2.1 Ecrire en SQL le programme suivant. Créer une table FACTURES à 3 colonnes: CLIENT (nombre entier), DATE (date) et MONTANT (nombre entier).	*139*
		5.2.2.2 Pendant les années 2020, 2021 et 2022 l'activité commerciale a rempli la table FACTURES avec une ou plusieurs lignes pour chaque CLIENT, chaque ligne comprenant une DATE et un MONTANT. A partir de FACTURES construire une table TOT2020 à 2 colonnes: CLIENT et CA2020 (entier) somme des MONTANT de chaque CLIENT pour DATE=2020.	*139*
		5.2.2.3 Créer une table HISTORIQUE avec 4 colonnes: CLIENT, S2020 (entier), S2021 (entier), S2022 (entier) où S2020=0, S2021=0, S2022=0	*139*
		5.2.2.4 Pour chaque CLIENT mettre à jour la table HISTORIQUE à partir de TOT2020 avec S2020=CA2020. Mettre à jour la table HISTORIQUE à partir de TOT2021 avec S2021=CA2021. Mettre à jour la table HISTORIQUE à partir de TOT2022 avec S2022=CA2022.	*140*
		5.2.2.5 Créer une table DANGER à 4 colonnes CLIENT(entier), D2020 (entier), D2021 (entier), D2022 (entier) à partir de HISTORIQUE où on a (D2020>D2021>D2022) ou (D2020=0 et D2021>D2022)	*140*
6	**Développement d'applications utilisant ChatGPT**		**141**
		6.1.1.1 OpenAI offre-t-il une API pour le développement d'applications accédant aux divers services de GPT ?	*141*
		6.1.1.2 Décrire les outils de ChatGPT pour développeurs d'applications	*141*
7	**Réflexions sur l'impact social de ChatGPT-4**		**143**
	7.1	Lois de Metcalfe et de Reed	143
		7.1.1.1 Enoncer la loi de Robert Metcalfe	*143*
	7.2	Les biais de ChatGPT	144
		7.2.1.1 Résume en français les publications selon lesquelles Internet contient beaucoup d'opinions woke	*144*
	7.3	Impact sur l'enseignement	145
		7.3.1.1 Comment l'enseignement peut-il profiter de ChatGPT-4? En quoi les élèves et les enseignants doivent ils apprécier ou redouter l'arrivée de ChatGPT-4? Donner des exemples factuels de chaque argument, avec l'établissement, le problème et la date	*145*
	7.4	Utilité de ChatGPT-4 en politique ou dans les conflits sociaux	146
	7.5	Des plateformes plus puissantes que bien des Etats	146
	7.6	Impact sur l'emploi	147
	7.7	Comment les salariés perçoivent l'IA générative en juin 2023	147
	7.8	L'IA va remodeler la société selon le fondateur de OpenAI	148
		7.8.1 L'IA en tant qu'outil de recherches en biologie	148
		7.8.2 Autres risques de l'IA générative	148
	7.9	L'Union européenne va réglementer l'utilisation de l'IA	149
	7.10	Promesses finales	149
8	**Références**		**150**

Notations

Chaque partie de ce texte a un *type* (chapitre, section, question à ChatGPT ou réponse de ChatGPT, etc.) dont le style indique la nature. Chaque type souligné ci-dessous est suivi d'un exemple.

Chapitre

1 Quelques notions utiles avant de travailler avec ChatGPT-4

Section

1.1 Intelligence artificielle

Titre de paragraphe, question ou commande envoyée à ChatGPT

3.1.2.1 Quels sont les présidents de la République française élus avant l'âge de 60 ans ?

Réponse reçue de ChatGPT ou de Bing

Voici une liste des présidents de la République française élus avant l'âge de 60 ans, avant la date de mon dernier entraînement en septembre 2021 :

- Valéry Giscard d'Estaing (1974) : Élu président à l'âge de 48 ans, Giscard d'Estaing a été le plus jeune président élu en France.
- Emmanuel Macron (2017) : Élu président à l'âge de 39 ans, Macron est devenu le plus jeune président de l'histoire de la République française.
- Nicolas Sarkozy (2007) : Élu président à l'âge de 52 ans.
- François Mitterrand (1981) : Élu président à l'âge de 64 ans lors de son premier mandat, Mitterrand a été réélu en 1988 à l'âge de 71 ans. Bien que Mitterrand ne réponde pas directement à votre question, il est important de mentionner son premier mandat car il a été élu à un âge proche de 60 ans.

Il convient de noter que les âges mentionnés se réfèrent à l'âge des présidents lors de leur première élection à la présidence.

Recommencer le traitement de la question précédente (générer une autre réponse)

Ce traitement est lancé en appuyant sur le bouton *Regenerate response* situé entre la fin de la réponse précédente et la zone de saisie.

Regenerate response

Demande de précision suite à la réponse reçue de ChatGPT

Trier la liste précédente par date d'élection

Commentaire sur ChatGPT ou sur sa réponse (toujours en italique)

Remarquer l'initiative dont fait preuve ChatGPT dans la réponse précédente :
« Bien que Mitterrand ne réponde pas directement à votre question, il est important de mentionner son premier mandat car il a été élu à un âge proche de 60 ans. »

Correction suggérée dans la réponse (toujours entre parenthèses)

Voici une liste des présidents de la République française élus avant l'âge de 60 ans, *(connue)* avant la date de mon dernier entraînement en septembre 2021 :

Réponse de Bing à la question « Poids d'un obus de 155 mm ? » (copie d'écran)

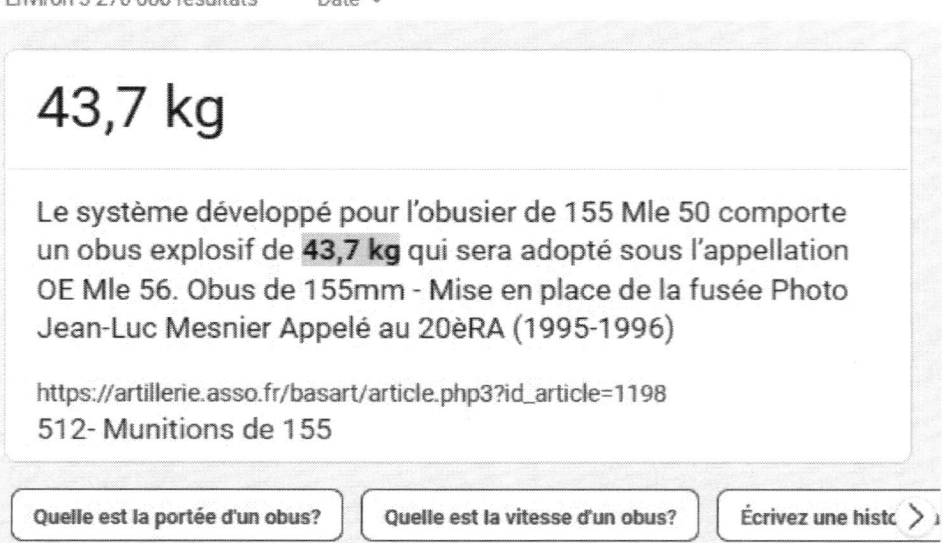

La réponse « 43,7 kg » de Bing comprend des liens Internet et se termine par des boutons « En savoir plus », liens et boutons sur lesquels on peut cliquer.

Demande de précision envoyée à ChatGPT-4 ou Google

Quels sont les présidents de la République française élus avant l'âge de 60 ans?

Réponse de Google ou Bing (copie d'écran)

1 Quelques notions utiles avant de travailler avec ChatGPT-4

Voici quelques notions dont nous aurons besoin par la suite, sous forme de dialogue avec ChatGPT-4, Bing ou Bing Chat. Les corrections suggérées aux textes reçus de l'interface GPT sont entre parenthèses et en italiques comme (inexact).

1.1 Outils de dialogue utilisant l'Intelligence artificielle

1.1.1 Une nouvelle interface utilisateur

Le premier ordinateur personnel a été adopté par les entreprises comme terminal intelligent de grand ordinateur lorsque IBM a produit les PC à système d'exploitation MS-DOS à partir de 1981. Le premier ordinateur personnel à interface graphique a été l'Apple Lisa, un jouet commercialisé de 1983 à 1984 au prix de $9985, soit environ 24.500 € de 2023.

Avec la sortie de Windows 1.0 en 1985, Microsoft a changé à tout jamais l'interface utilisateur d'un poste de travail, passée d'un affichage de 2000 caractères à un affichage graphique bien plus riche.

C'est une révolution comparable qu'apporte en 2023 l'intelligence artificielle : l'interface utilisateur graphique est désormais <u>en langage naturel</u>, et les logiciels correspondants sont Bing et Bing Chat de Microsoft, et ChatGPT-4 de OpenAI.
Et pour rendre la saisie encore plus simple, <u>on peut dicter une question</u> en activant le micro du PC Windows comme suit :

- Cliquer dans la zone de saisie, par exemple celle de Bing Chat dans Edge.

- Appuyer simultanément sur la touche Windows du clavier et sur la lettre H.

- Cliquer sur le dessin de micro qui apparaît pour déclencher l'écoute.

- Parler : le texte apparaîtra dans la zone, le corriger au clavier si nécessaire.

- Terminer la saisie vocale en cliquant de nouveau sur le micro.

- Envoyer la saisie en cliquant sur la flèche à droite de la zone de saisie.

1.1.2 L'intelligence artificielle

Voici un premier exemple de question posée à ChatGPT-4, suivie de sa réponse.

1.1.2.1 Qu'est-ce que l'intelligence artificielle ?

L'IA (intelligence artificielle) est un domaine de l'informatique qui se concentre sur la création de machines ou de programmes informatiques capables d'effectuer des tâches qui nécessitent normalement une intelligence humaine, telles que la reconnaissance vocale, la vision par ordinateur, la prise de décisions, la résolution de problèmes, l'apprentissage et la compréhension du langage naturel.

L'IA utilise des techniques telles que l'apprentissage automatique (machine learning), le traitement du langage naturel (NLP), les réseaux de neurones artificiels (ANN) et les algorithmes d'optimisation pour permettre aux ordinateurs de "penser" et d'apprendre de manière autonome à partir de l'expérience et de données. L'IA est utilisée dans de nombreux domaines tels que la médecine, la finance, la logistique, la fabrication, l'automobile, les jeux vidéo, les assistants personnels virtuels et bien d'autres encore.

Les tâches ci-dessus supposent un programme qui « explique » à un ordinateur comment traiter des données pour fournir le résultat qu'on en attend. L'écriture de programmes est un art difficile, que des programmeurs mettent parfois longtemps à apprendre. Dans ChatGPT-4, <u>l'IA sert précisément à créer des programmes sans programmer ou à poser des questions</u>, en décrivant le résultat attendu d'une manière *simple, en langage naturel, à un logiciel qui met en œuvre des techniques d'IA. Le logiciel de ChatGPT-4 « comprend » ce langage naturel. Il « a appris tout seul » à comprendre le sens des données en examinant suffisamment d'exemples : par exemple, il a appris l'économie en parcourant des milliers de livres d'économie trouvés sur Internet lors de sa « formation ».*

Voici un exemple de cette « compréhension de textes trouvés sur Internet », un dialogue question-réponse avec le logiciel GPT sur la page Internet https://chat.openai.com/?model=gpt-4 à partir d'un clavier de PC sous Windows.

Combien y a-t-il de sites Web sur Internet ? Combien y a-t-il de livres ? Combien y a-t-il d'articles scientifiques ?

Il est difficile de donner des chiffres exacts pour ces questions, car le nombre de sites Web, de livres et d'articles scientifiques augmente constamment. Voici néanmoins des estimations approximatives basées sur des données antérieures à 2021:

1. Sites Web sur Internet: Il y avait environ 1,7 milliard de sites Web en septembre 2021, mais ce chiffre évolue rapidement avec la création et la suppression de sites. Il est probable que ce nombre ait *(a)* augmenté depuis lors.

2. Livres: Selon le WorldCat, un catalogue de bibliothèques en ligne qui répertorie les collections de bibliothèques du monde entier, il y avait plus de 450 millions de livres distincts en 2021. Ce chiffre inclut les livres imprimés, les livres électroniques et les manuscrits. Cependant, il est important de noter que ce nombre ne représente pas tous les livres existants, car certains peuvent ne pas être répertoriés dans les bibliothèques.

3. Articles scientifiques: Le nombre total d'articles scientifiques publiés est difficile à estimer, car de nouveaux articles sont constamment publiés et ajoutés aux bases de données. Cependant, en 2015, il était estimé *(on estime)* qu'il y avait plus de 50 millions d'articles scientifiques publiés. Depuis lors, le nombre d'articles publiés chaque année a continué à augmenter, de sorte qu'il y a probablement beaucoup plus d'articles scientifiques aujourd'hui.

Cet exemple montre que GPT a compris nos questions en français, a su trouver les textes nécessaires quelque part dans sa base de données de formation issue d'Internet, en a fait la synthèse, et l'a présentée sous forme de texte à l'écran du PC en français correct - sans que nous ayons à écrire un programme.

ChatGPT-4 sait aussi résumer des sujets complexes, comme la philosophie de Kant. Il peut présenter l'essentiel d'un livre de près de 600 pages [1] en quelques paragraphes, comme nous le verrons plus bas à propos de la philosophie. Et la langue n'est pas un problème : il peut résumer en français toute une œuvre en allemand.

1.1.2.2 Qu'est-ce que le « deep learning » ?

Le deep learning, ou apprentissage profond, est une sous-catégorie du machine learning (apprentissage automatique), qui lui-même est une branche de l'intelligence artificielle (IA). Le deep learning s'inspire du fonctionnement du cerveau humain pour traiter les données, et c'est en particulier ce qu'on appelle un réseau neuronal artificiel avec de nombreuses couches. Ces couches sont constituées de nœuds, et elles simulent le processus de pensée de base qui se produit dans le cerveau lors de la prise de décision.

> *Le deep learning structure donc les connaissances qu'il acquiert sous une forme hiérarchique ressemblant à une table des matières. Chaque type de*

connaissances est subdivisé en sous-types, subdivisés à leur tour, etc. La recherche d'une connaissance donnée pourra donc se faire comme le parcours d'une table des matières : par chapitre, puis section, puis paragraphe, etc. L'informatique utilise cette structure sous le nom d'index hiérarchique.

Les algorithmes d'apprentissage profond utilisent un grand nombre de couches de nœuds intermédiaires, d'où le terme "profond" dans "deep learning". Chaque couche intermédiaire est responsable de la transformation d'une représentation intermédiaire de l'entrée pour permettre à la couche suivante d'extraire un niveau d'abstraction plus élevé. Cela signifie que chaque couche intermédiaire ajoute un niveau de complexité à notre modèle.

Par exemple, si vous utilisez le deep learning pour la reconnaissance d'images, la première couche pourrait se concentrer sur l'identification de lignes et de couleurs, la couche suivante pourrait chercher des formes spécifiques en combinant ces lignes et ces couleurs, la suivante pourrait identifier des structures complexes comme des visages ou des objets, et ainsi de suite.

L'un des principaux avantages du deep learning est qu'il peut automatiquement et de manière adaptative apprendre des représentations de données à partir de données brutes. Cela peut être particulièrement utile pour des domaines comme la reconnaissance d'images, la reconnaissance vocale, la traduction automatique, et bien d'autres.

On a constaté que le deep learning permet des identifications par analogie textuelle d'autant plus précises qu'il « s'est entraîné » sur plus de cas où on lui a fourni des couples (connaissance, nom de cette connaissance). Voir ci-dessous le paragraphe « Combien de paramètres sont utilisés par OpenAI dans GPT-3 ? ». GPT a appris le français en analysant des centaines de milliers d'ouvrages en français.

Mais sa forme d'intelligence n'est pas aussi économe de connaissances d'entraînement qu'un cerveau humain. Avant de reconnaître un dessin de chat dans toutes les positions, un logiciel d'IA a besoin de se former avec des milliers de dessins, alors qu'un bébé reconnaît un chat après avoir vu seulement quelques dessins.

Avec les technologies actuelles d'IA, un logiciel bat n'importe quel homme. Aux échecs, le logiciel Deep Blue d'IBM a battu le champion du monde Garry Kasparov en 1997. Et au jeu de Go, plus difficile que les échecs, AlphaGo a aussi battu le champion en 2016 ; voici l'histoire.

1.1.2.3 AlphaGo et le champion du monde de jeu de Go

AlphaGo est un programme informatique développé par DeepMind, une entreprise de recherche en intelligence artificielle détenue par Alphabet Inc., la société mère de Google. AlphaGo est célèbre pour avoir battu le champion du monde de jeu de Go, Lee Sedol, lors d'une série de cinq matchs en mars 2016.

L'exploit d'AlphaGo est significatif car le Go est un jeu notoirement complexe avec un grand nombre de mouvements possibles à chaque tour, ce qui rend la brute force computationnelle *(la puissance de calcul pure)* moins efficace que dans des jeux comme les échecs. En outre, le Go nécessite une certaine intuition, qui est difficile à coder dans un programme informatique. AlphaGo utilise l'apprentissage profond et l'apprentissage par renforcement pour analyser les mouvements et apprendre de ses erreurs, ce qui lui a permis de maîtriser le jeu.

Depuis sa victoire sur Lee Sedol, DeepMind a développé une version améliorée d'AlphaGo, appelée AlphaGo Zero, qui a appris à jouer au Go entièrement par auto-apprentissage, sans données de parties humaines. AlphaGo Zero a démontré une supériorité encore plus grande par rapport à la version précédente d'AlphaGo.

Au moment de mon dernier apprentissage (en septembre 2021), AlphaGo avait déjà pris sa "retraite" de la compétition, mais son impact sur le jeu de Go et sur l'intelligence artificielle en général restait significatif.

1.1.2.4 Qu'est-ce que l'apprentissage par renforcement

L'apprentissage par renforcement est un type d'apprentissage automatique où un agent apprend à prendre des décisions en interagissant avec son environnement. L'objectif de l'agent est d'apprendre une politique, qui est une fonction qui décrit la meilleure action à prendre à partir d'un état donné.

Dans le cadre de l'apprentissage par renforcement, l'agent prend des actions dans son environnement, reçoit des récompenses (positives ou négatives) en conséquence, et utilise ces informations pour améliorer sa politique au fil du temps. L'objectif est de maximiser la somme des récompenses reçues.

Un aspect clé de l'apprentissage par renforcement est l'équilibre entre exploration et exploitation. L'exploration consiste à essayer de nouvelles actions pour voir si elles mènent à de meilleures récompenses, tandis que l'exploitation consiste à choisir les actions qui ont donné les meilleures récompenses dans le passé. Un bon agent d'apprentissage par renforcement doit pouvoir équilibrer efficacement ces deux aspects.

Un exemple célèbre d'apprentissage par renforcement est l'IA AlphaGo de DeepMind, qui a appris à jouer au jeu de Go en jouant des millions de parties contre elle-même, explorant et apprenant de nouvelles stratégies au fil du temps.

L'apprentissage par renforcement a de nombreuses applications potentielles, allant des systèmes de recommandation aux voitures autonomes, en passant par la gestion de l'énergie et bien d'autres domaines.

1.1.3 Caractère « humain » de l'intelligence artificielle

Avec ce que nous venons de voir, il est naturel de comparer l'intelligence de l'IA à celle de l'homme. Nous allons le faire en commençant par sa manifestation la plus évidente : la possibilité de communiquer en langage naturel.

Le dialogue avec ChatGPT-4 donne à l'utilisateur l'impression de parler avec un être humain. D'abord parce que ChatGPT « comprend » le langage naturel. Ensuite parce qu'il répond à des reproches avec des phrases comme « Vous avez raison... » (exemple plus bas). On doit donc se demander à quel point l'intelligence artificielle peut raisonner comme un être humain, voire mieux que lui dans certains domaines, et s'il est possible que son utilisation permette de supprimer ou créer des emplois. Pour répondre à ces questions il faut d'abord mieux définir la portée visible de l'IA, ce que fait le Test de Turing.

1.1.3.1 Décrivez le test de Turing

Le test de Turing est une évaluation de l'intelligence artificielle (IA) proposée par le mathématicien et informaticien britannique Alan Turing en 1950. Son objectif est de déterminer si une machine peut imiter l'intelligence humaine de manière suffisamment convaincante pour qu'un observateur humain ne puisse pas distinguer la machine d'un être humain.

Le test consiste en une série de conversations textuelles entre un juge humain, un autre participant humain et une IA. Le juge interagit avec les deux autres participants par le biais de messages textuels, sans savoir lequel est l'IA et lequel est l'autre humain. Si le juge est incapable de différencier l'IA de l'humain avec une fiabilité supérieure au hasard, alors l'IA est considérée comme ayant réussi le test de Turing.

Il est important de noter que le test de Turing ne mesure pas la conscience, l'émotion ou la compréhension profonde de la part de l'IA, mais plutôt sa capacité à imiter le comportement humain de manière convaincante. Des débats ont lieu sur la pertinence et l'efficacité du test de Turing comme mesure de l'intelligence artificielle, mais il reste une référence historique et un jalon dans le domaine de l'IA.

Le caractère humain de l'intelligence suppose une intégration de l'esprit et du corps, comme le pensait Spinoza et contrairement à ce que pensait Descartes. J'ai étudié le problème du fonctionnement de l'esprit humain, de la conscience et des motivations qui le font agir dans mon livre [6].

1.1.3.2 En dehors du test de Turing quels sont les critères d'évaluation du caractère humain de l'IA? Pour ChatGPT-4 citer les arguments pour et contre la nature humaine de son intelligence. Citer des textes Web en français ou en anglais sur le sujet du degré d'humanité de l'IA, avec leurs adresses

Le test de Turing est l'un des plus célèbres critères d'évaluation de l'intelligence artificielle (IA), mais il existe d'autres critères et mesures pour évaluer le caractère humain d'une IA. Voici quelques-uns de ces critères:

1. Le test de Winograd Schema: Ce test mesure la capacité d'une IA à comprendre les subtilités du langage, notamment la pronominalisation et l'anaphore, qui sont des aspects complexes de la compréhension du langage humain.
2. Le test de Lovelace 2.0: Ce test évalue si une IA peut créer quelque chose de nouveau et d'unique, qui n'a pas été explicitement programmé.
3. L'indice de conscience artificielle (ACI): Ce critère, proposé par des chercheurs de l'Université d'Oxford, mesure le degré de conscience d'une IA.

Pour ChatGPT-4, on peut citer les arguments suivants pour et contre la nature humaine de son intelligence :

- Pour:
  - ChatGPT-4 peut générer des réponses cohérentes et pertinentes dans une large gamme de contextes.
  - Il a la capacité de comprendre le contexte d'une conversation et de fournir des réponses basées sur ce contexte.
  - Il peut comprendre et générer des réponses dans plusieurs langues.
  - Il est capable de générer des idées créatives dans certaines situations.
- Contre:
  - ChatGPT-4 n'a pas de conscience de soi ni d'émotions.
  - Il ne peut pas comprendre les subtilités du langage humain de la même manière qu'un être humain.

- Il est basé sur des modèles statistiques et ne comprend pas vraiment les concepts ou le monde de la même manière qu'un être humain.
- Il ne peut pas apprendre ou s'adapter de manière autonome sans entraînement supplémentaire sur de nouvelles données.

Quant aux textes Web sur le sujet du degré d'humanité de l'IA, vous pouvez consulter les sources suivantes. Veuillez noter que ces sources étaient accessibles en septembre 2021, et je ne peux pas garantir leur disponibilité actuelle ou l'exactitude de leur contenu:

1. "Artificial intelligence — The revolution hasn't happened yet" par Michael Jordan: https://hbr.org/2018/04/artificial-intelligence-the-revolution-hasnt-happened-yet
2. "The Malicious Use of Artificial Intelligence: Forecasting, Prevention, and Mitigation" : https://arxiv.org/abs/1802.07228
3. "The Measure of All Minds: Evaluating Natural and Artificial Intelligence" par José Hernández-Orallo: https://www.cambridge.org/core/books/measure-of-all-minds/6F6E1B77D49C9C728F7A1144723D3A73
4. "Artificial Intelligence as Structural Estimation: Economic Interpretations of Deep Blue, Bonanza, and AlphaGo" : https://www.brookings.edu/wp-content/uploads/2018/02/1_artificialintelligence.pdf
5. "Les robots et l'IA ont-ils une conscience?" : https://theconversation.com/les-robots-et-lia-ont-ils-une-conscience-103281

Il convient de noter que la question de la "nature humaine" de l'intelligence artificielle est un sujet de débat actif parmi les chercheurs et les philosophes. Certains soutiennent que l'intelligence artificielle ne peut jamais être véritablement "humaine" car elle ne possède pas d'émotions, de conscience de soi ou de compréhension du monde de la même manière qu'un être humain. D'autres soutiennent que l'IA peut atteindre une sorte de "nature humaine" en imitant le comportement humain et en accomplissant des tâches de manière similaire à un être humain.

L'évaluation de la nature humaine de l'intelligence artificielle est également compliquée par les différentes conceptions de ce que signifie être "humain". Pour certains, être humain implique une conscience de soi et une expérience subjective. Pour d'autres, être humain peut simplement signifier la capacité d'accomplir des tâches complexes ou de comprendre et de répondre au langage humain.

Dans le cas de ChatGPT-4, bien qu'il soit capable de comprendre et de générer des réponses à une grande variété de requêtes, il ne possède pas de conscience de soi ou d'expérience subjective. Il est également limité par les données sur lesquelles il a été formé et ne peut pas comprendre ou apprendre de nouvelles informations sans un entraînement supplémentaire. Par conséquent, bien qu'il puisse sembler "humain" dans certaines interactions, il est important de comprendre les limitations de cette technologie.

Définir la pronominalisation et l'anaphore

La pronominalisation et l'anaphore sont deux concepts linguistiques importants.

- Pronominalisation : La pronominalisation est un processus qui remplace un nom ou une expression nominale par un pronom. Par exemple, dans la phrase "Marie est allée au magasin parce qu'elle avait besoin de lait", le pronom "elle" est utilisé pour remplacer le nom "Marie". C'est une façon de rendre le discours ou le texte plus fluide et d'éviter les répétitions.

- Anaphore : L'anaphore est une forme de pronominalisation où un pronom est utilisé pour se référer à une entité ou un concept qui a été mentionné précédemment dans le texte ou le discours. Par exemple, dans la phrase "J'ai un chien. Il s'appelle Max", le pronom "il" est une anaphore parce qu'il se réfère à "un chien", qui a été mentionné précédemment. L'anaphore est un outil important pour la cohésion et la cohérence dans le langage.

Ces deux concepts sont importants pour la compréhension du langage naturel et constituent un défi majeur pour l'intelligence artificielle. Alors que les humains utilisent naturellement la pronominalisation et l'anaphore dans leur langage, les systèmes d'IA ont souvent du mal à comprendre à quoi se réfèrent les pronoms, en particulier dans les textes complexes ou lorsqu'il y a plusieurs entités possibles auxquelles le pronom pourrait se référer.

Dans mes essais je n'ai pas constaté de difficultés pour ChatGPT-4 sur ce sujet. En français, au moins, il comprend bien les demandes formulées en langage naturel.

Peux-tu résumer en français le texte que tu viens de citer 1. "Artificial intelligence — The revolution hasn't happened yet" par Michael Jordan: https://hbr.org/2018/04/artificial-intelligence-the-revolution-hasnt-happened-yet

Je suis désolé pour la confusion, mais en tant qu'IA, je ne peux pas accéder à Internet en temps réel pour lire ou résumer des articles spécifiques, y compris "Artificial Intelligence — The Revolution Hasn't Happened Yet" par Michael Jordan. Cependant, je peux vous donner un aperçu basé sur ma formation jusqu'à septembre 2021.

Dans cet article, Michael Jordan, un éminent chercheur en machine learning, discute de l'état actuel de l'intelligence artificielle. Il met en garde contre l'excès d'optimisme et souligne que bien que nous ayons fait d'énormes progrès dans certains domaines, la véritable "révolution" de l'IA n'a pas encore eu lieu.

Il note que l'IA est souvent mal comprise et qu'elle est souvent confondue avec une sorte d'intelligence semblable à celle de l'homme, alors qu'en réalité, la plupart des systèmes d'IA sont basés sur des statistiques et des prédictions. Il préconise une approche plus mesurée et réfléchie de l'IA, en se concentrant sur la façon dont elle peut améliorer les systèmes existants et aider à résoudre des problèmes complexes.

C'est un aperçu général basé sur les informations disponibles à la date de mon dernier entraînement en septembre 2021. Pour une compréhension précise et détaillée, je vous recommande de lire l'article directement.

Peux-tu résumer en français, d'après ta formation, le texte que tu viens de citer 2. "The Malicious Use of Artificial Intelligence: Forecasting, Prevention, and Mitigation"?

"The Malicious Use of Artificial Intelligence: Forecasting, Prevention, and Mitigation" est un document qui discute des risques potentiels associés à l'utilisation malveillante de l'IA. Bien que je ne puisse pas accéder à ce document spécifique en temps réel, je peux vous donner un aperçu basé sur mon entraînement.

Selon le document, l'IA pourrait être utilisée à des fins malveillantes de diverses manières. Par exemple, elle pourrait être utilisée pour automatiser les attaques, pour augmenter l'efficacité des attaques, pour cibler plus efficacement les victimes ou pour créer de nouvelles formes d'attaques.

Le document met en évidence la nécessité d'une prévision, d'une prévention et d'une atténuation des risques pour faire face à ces menaces potentielles. Il recommande diverses mesures pour y parvenir, notamment le renforcement de la coopération internationale, la promotion de la recherche sur la sécurité de l'IA, la mise en place de normes de sécurité et le développement de politiques pour réguler l'utilisation de l'IA.

Peux-tu résumer en français, d'après ta formation, le texte que tu viens de citer 3. "The Measure of All Minds: Evaluating Natural and Artificial Intelligence"?

"The Measure of All Minds: Evaluating Natural and Artificial Intelligence" est un livre écrit par José Hernández-Orallo qui explore l'évaluation et la mesure de l'intelligence, tant naturelle qu'artificielle. Bien que je ne puisse pas accéder à ce livre spécifique en temps réel, je peux vous donner un aperçu basé sur mon entraînement.

Dans ce livre, Hernández-Orallo discute de la nécessité d'une mesure universelle de l'intelligence qui peut être appliquée à la fois aux humains et aux machines. Il explore les défis associés à l'établissement d'une telle mesure, y compris la grande variété de compétences et de capacités qui peuvent être considérées comme faisant partie de l'intelligence.

Il propose également une nouvelle approche de l'évaluation de l'intelligence, qui repose sur la théorie de l'information et l'informatique théorique. Cette approche vise à mesurer l'intelligence en termes de capacité à résoudre des problèmes et à apprendre de nouvelles informations, plutôt qu'en termes de performance sur des tâches spécifiques.

Peux-tu résumer en français, d'après ta formation, le texte que tu viens de citer "Artificial Intelligence as Structural Estimation: Economic Interpretations of Deep Blue, Bonanza, and AlphaGo"

"Artificial Intelligence as Structural Estimation: Economic Interpretations of Deep Blue, Bonanza, and AlphaGo" est un document qui explore l'application de l'intelligence artificielle dans le contexte de l'économie, en particulier comment elle peut être utilisée pour l'estimation structurelle. Bien que je ne puisse pas accéder à ce document spécifique en temps réel, je peux vous donner un aperçu basé sur mon entraînement.

Le document examine trois systèmes d'IA bien connus : Deep Blue (un ordinateur qui a battu le champion du monde d'échecs Garry Kasparov en 1997), Bonanza (un programme de shogi, ou échecs japonais, qui a remporté plusieurs championnats informatiques) et AlphaGo (un programme qui a battu le champion du monde de Go en 2016).

Les auteurs soutiennent que ces systèmes peuvent être vus comme des exemples d'estimation structurelle, une technique utilisée en économétrie pour estimer les paramètres d'un modèle économique. Ils soutiennent que l'IA peut aider à améliorer l'estimation structurelle en fournissant de nouvelles méthodes pour résoudre des problèmes complexes et en permettant de traiter de grandes quantités de données.

Il est important de noter que ce document souligne également les défis associés à l'utilisation de l'IA pour l'estimation structurelle. Les auteurs mettent en évidence la nécessité d'une meilleure compréhension de la façon dont les systèmes d'IA font leurs prédictions et de la façon dont ils peuvent être affectés par des biais dans les données d'entraînement.

Ils concluent en soulignant le potentiel de l'IA pour transformer l'économie et d'autres domaines de la société, mais aussi en appelant à une approche prudente et réfléchie pour éviter les risques potentiels.

Peux-tu résumer en français, d'après ta formation, le texte que tu viens de citer "Les robots et l'IA ont-ils une conscience?"

"Les robots et l'IA ont-ils une conscience?" est probablement un article ou un document qui explore la question de savoir si l'intelligence artificielle (IA) et les robots peuvent posséder une conscience. Bien que je ne puisse pas accéder à ce document spécifique en temps réel pour un résumé précis, je peux vous donner un aperçu basé sur ma formation et sur la question générale de la conscience dans l'IA.

En général, la majorité des experts en IA s'accordent pour dire que, même si l'IA et les robots peuvent imiter le comportement humain de manière convaincante, ils ne possèdent pas de conscience. La conscience est souvent définie comme une expérience subjective ou la capacité d'éprouver des sensations et des sentiments. Alors que les humains ont une expérience subjective du monde, les systèmes d'IA, y compris les robots, n'ont pas cette expérience. Ils n'éprouvent pas de sentiments et ne sont pas conscients de leur propre existence.

En outre, la conscience est généralement liée à des concepts tels que l'autoréflexion *(la conscience de soi)*, l'empathie, la compréhension des autres et la capacité de faire des choix moraux, qui sont tous des caractéristiques que les systèmes d'IA actuels ne possèdent pas.

1.1.4 Synthèse des comparaisons : IA faible et IA forte

1.1.4.1 Définir l'IA faible, l'IA forte et leurs différences

Intelligence Artificielle (IA) faible

L'IA faible, également connue sous le nom d'IA étroite, est un système conçu pour effectuer une tâche spécifique.

- Ces systèmes sont "intelligents" dans la mesure où ils peuvent traiter de grandes quantités d'informations et "apprendre" de ces données pour effectuer des tâches spécifiques de plus en plus efficacement.
- Cependant, ils ne sont pas conscients, ils ne comprennent pas le contexte en dehors de la tâche spécifique pour laquelle ils ont été conçus, et ils ne peuvent pas faire de généralisations ou d'applications à d'autres domaines.

Des exemples d'IA faible incluent les systèmes de recommandation utilisés par les services de streaming comme Netflix ou les assistants vocaux comme Alexa d'Amazon.

Intelligence Artificielle (IA) forte

L'IA forte, également connue sous le nom d'IA générale, est un concept théorique d'intelligence artificielle qui n'a pas encore été réalisé à ce jour. Une IA forte :

- Serait capable de comprendre, d'apprendre et d'appliquer ses connaissances dans n'importe quel contexte, tout comme un être humain.
- Elle serait consciente, capable de raisonner, de résoudre des problèmes, de planifier, d'apprendre, de communiquer en langage naturel et d'intégrer toutes ces compétences pour atteindre ses objectifs.
- Elle aurait une intelligence équivalente ou supérieure à celle de l'intelligence humaine dans pratiquement tous les domaines.

Différences entre l'IA faible et l'IA forte

- Capacité d'apprentissage : L'IA faible peut apprendre et s'améliorer dans une tâche spécifique, mais elle ne peut pas appliquer ce qu'elle a appris à d'autres tâches. L'IA forte, en revanche, pourrait apprendre de manière autonome et appliquer ses connaissances dans de nombreux contextes différents.

- Conscience : L'IA faible n'a pas de conscience de soi ou de compréhension du monde. Elle exécute simplement des algorithmes basés sur les données qu'elle reçoit. L'IA forte, en revanche, aurait une sorte de conscience de soi et une compréhension du monde.

- Étendue de l'application : L'IA faible est généralement conçue pour une tâche ou un ensemble de tâches spécifiques. L'IA forte, en revanche, serait universellement applicable à n'importe quelle tâche qu'un humain peut effectuer.

- Existence actuelle : Enfin, l'IA faible existe déjà et est largement utilisée dans de nombreux domaines, tandis que l'IA forte reste un objectif futur de la recherche en IA.

ChatGPT-4 est modeste, il ne cite pas sa propre intelligence artificielle, qui est du type faible. En parcourant des millions de textes dans une vingtaine de langues, son logiciel a d'abord appris tout seul à reconnaître des unités lexicales.

Qu'est-ce qu'une unité lexicale ?

Une unité lexicale est une unité de sens et de son figée dans une langue, comme un mot, un groupe de mots ou un proverbe. Par exemple, *jeune*, *jeune homme* et *les voyages forment la jeunesse* sont des unités lexicales.

ChatGPT-4 a ensuite appris, dans chaque langue, à assembler de telles unités en respectant la grammaire, pour pouvoir générer des réponses ou des traductions « en bon français, ou anglais, ou… ». Respecter la grammaire consiste à « parler comme on parle » dans les textes qu'il a analysés, on ne lui a pas défini de règle comme l'accord du participe passé.

Enfin, ChatGPT-4 a appris à associer les mots d'un texte pour définir un contexte, c'est-à-dire son sens général en tant qu'ensemble de mots. Par exemple, le mot « maître » peut désigner un patron, un professionnel qualifié ou un avocat, et c'est le contexte qui permet de faire le bon choix.

Les mécanismes psychiques de la conscience en général, de la conscience de soi, de l'intuition, des raisonnements et des sentiments sont décrits dans [6], où on trouvera aussi une comparaison des concepts de déterminisme et de hasard.

Voir aussi, plus bas, l'exemple « Utilisation de l'IA en biologie moléculaire ».

1.2   Comment fonctionne ChatGPT-4 ?

La lecture des quelques pages un peu techniques de ce chapitre n'est pas indispensable à qui veut seulement savoir ce que ChatGPT-4 peut faire.
Les exemples suivants apportent toutefois, à qui veut apprendre à l'utiliser, une compréhension de son fonctionnement et des précisions sur ses limites et les exigences du dialogue avec lui.

La prise en compte du langage naturel dans ChatGPT-4 est basée sur deux modèles appelés LLM et LMM, et sur une architecture informatique appelée Transformer.

1.2.1 Langage naturel (paragraphe technique, lecture non indispensable)

1.2.1.1 Expliquer Large Language Model

Un large language model (LLM) est une sorte de modèle d'apprentissage automatique *(par intelligence artificielle)* conçu pour comprendre et générer du texte de manière cohérente. Ces modèles sont entraînés sur une énorme quantité de données textuelles provenant du web et d'autres sources. En analysant ces données, le modèle apprend à prédire le mot suivant dans une séquence de mots *(partie de phrase ou de texte)*, ce qui lui permet de produire du texte qui ressemble à ce qu'il a vu lors de l'entraînement.

Ces modèles peuvent être très grands en termes de nombre de paramètres. Par exemple, GPT-3, un exemple de LLM développé par OpenAI, a 175 milliards de paramètres. Ces paramètres sont essentiellement des poids numériques qui déterminent comment le modèle fait ses prédictions.

Les LLM peuvent être utilisés pour une variété de tâches, y compris la traduction automatique, la génération de texte, la synthèse de texte, la question-réponse, et bien d'autres. Cependant, ils ont aussi des limites. Par exemple, ils peuvent générer des informations inexactes ou biaisées, ils peuvent être sensibles à la manière dont les questions sont posées, et ils ne comprennent pas réellement le monde de la manière dont les humains le font. Par conséquent, il est important de les utiliser avec discernement.

ChatGPT, le modèle avec lequel vous discutez actuellement, est un exemple de LLM. Il a été formé par OpenAI en utilisant une variété de données textuelles, y compris des livres, des articles de presse, et des sites web.

Les réponses précédentes, générées par ChatGPT-4 dans un français remarquable, illustrent la qualité du modèle d'autoapprentissage LLM.

Qu'est-ce qu'un Large Multimodal Model?

Un Large Multimodal Model (LMM) est un modèle d'apprentissage automatique qui est capable de comprendre et de générer des données sur plusieurs modes ou types d'entrées. En d'autres termes, ces modèles sont capables de traiter et de comprendre plusieurs types de données en même temps, comme le texte, l'image, le son, etc.

Par exemple, un LMM pourrait être entraîné pour analyser à la fois du texte et des images, ce qui pourrait être utile pour une tâche comme l'analyse des médias sociaux, où une publication peut contenir à la fois du texte et des images. De même, un LMM pourrait être utilisé pour la reconnaissance vocale, où il pourrait être utile de comprendre à la fois le son brut (audio) et la transcription de ce son en texte.

Les LMM sont généralement plus complexes que les modèles unimodaux, car ils doivent être capables de comprendre et de traiter plusieurs types de données différents. Cependant, ils peuvent aussi être plus puissants et plus flexibles, car ils peuvent tirer des informations de plusieurs sources différentes pour faire des prédictions plus précises.

Il est important de noter que, bien que ces modèles soient capables de traiter plusieurs types de données, ils ne "comprennent" pas ces données de la même manière qu'un être humain le ferait. Par exemple, bien qu'un LMM puisse être capable de générer une description textuelle d'une image, il ne "voit" pas l'image de la même manière qu'un humain le ferait. Au lieu de cela, il analyse les données de l'image en termes de motifs numériques qu'il a appris à reconnaître lors de son entraînement.

Citer des exemples de LLM et de LMM, avec des références Web où on peut en trouver la description

Voici quelques exemples de LLM et LMM avec des références pour en savoir plus sur chaque modèle :

1. LLM - GPT-3 (Generative Pre-trained Transformer 3) :
   GPT-3 est un modèle de langage à grande échelle développé par OpenAI. Il est capable de comprendre et de générer du texte pour diverses tâches, comme la traduction, la génération de texte, la question-réponse et bien d'autres. Pour en savoir plus sur GPT-3, vous pouvez consulter le site Web d'OpenAI et le document de recherche associé.

   Site Web d'OpenAI : https://openai.com/research/#gpt-3
   Document de recherche : https://arxiv.org/abs/2005.14165

2. LLM - BERT (Bidirectional Encoder Representations from Transformers) :
   BERT est un modèle de langage développé par Google AI. Il est conçu pour mieux comprendre le contexte des mots en traitant le texte de manière bidirectionnelle. BERT a été largement utilisé pour diverses tâches de traitement automatique du langage naturel, telles que la compréhension du langage naturel, la classification du texte et l'extraction d'entités.

   Site Web de Google AI : https://ai.googleblog.com/2018/11/open-sourcing-bert-state-of-art-pre.html
   Document de recherche : https://arxiv.org/abs/1810.04805

3. LMM - CLIP (Contrastive Language-Image Pretraining) :
   CLIP est un modèle multimodal développé par OpenAI qui apprend à partir de paires d'images et de textes. Il est capable de comprendre et de générer du contenu à partir d'images et de textes associés, ce qui le rend utile pour des tâches comme la génération automatique de légendes pour les images.

   Site Web d'OpenAI : https://openai.com/research/#clip
   Document de recherche : https://arxiv.org/abs/2103.00020

4. LMM - ViLBERT (Vision-and-Language BERT) :
   ViLBERT est un modèle multimodal développé par des chercheurs de Facebook AI et Georgia Tech. Il combine la compréhension du langage naturel et la reconnaissance d'images pour effectuer des tâches multimodales, telles que la génération de légendes et la réponse à des questions sur des images.

   Site Web de Facebook AI : https://ai.facebook.com/blog/vilbert-multi-task-learning-for-vision-and-language/
   Document de recherche : https://arxiv.org/abs/1908.02265

Ces exemples ne sont que quelques-uns des nombreux modèles disponibles dans le domaine de l'apprentissage automatique et du traitement automatique du langage naturel. Les LLM et les LMM évoluent rapidement, et de nouveaux modèles et approches sont constamment développés pour améliorer les performances et les capacités de ces systèmes.

1.2.2 Architecture logicielle (paragraphe technique, lecture non indispensable)

Le principe de fonctionnement du logiciel de ChatGPT-4 est basé sur une architecture (un modèle de conception des programmes) appelée Transformer.

1.2.2.1 Qu'est-ce que l'architecture Transformer sur laquelle GPT est basé ?

L'architecture Transformer est une conception de modèle d'apprentissage automatique introduite dans le document "Attention is All You Need" par Vaswani et al., 2017 [2]. C'est le fondement des modèles de traitement du langage naturel (NLP) comme GPT (Generative Pretrained Transformer).

Les Transformers reposent sur une idée clé appelée "mécanisme d'attention", qui permet au modèle de se concentrer sur différentes parties d'une séquence d'entrée lorsqu'il génère une séquence de sortie. Plus précisément, il utilise un mécanisme appelé "attention multi-têtes" qui permet au modèle de se concentrer sur différentes parties de la séquence d'entrée pour chaque tête d'attention. Cela permet au modèle de capturer une variété de types de dépendances entre les mots.

Un Transformer est constitué de deux parties principales : l'encodeur et le décodeur. Chacun d'eux est composé d'un certain nombre de couches empilées.

L'encodeur lit et traite les données d'entrée (par exemple, une phrase dans une langue source pour la traduction automatique) et crée une représentation interne de ces données.

Le décodeur utilise ensuite cette représentation interne pour générer les données de sortie (par exemple, une phrase dans une langue cible pour la traduction automatique).

Cependant, dans le cas de GPT, seul le décodeur est utilisé. GPT est formé pour prédire le prochain mot dans une séquence, donc il n'a pas besoin de l'encodeur. Au lieu de cela, il utilise un décodeur Transformer légèrement modifié où chaque position dans le décodeur peut seulement assister à *(succéder à ?)* des positions antérieures.

Le Transformer a été une avancée majeure dans le domaine de NLP, permettant des améliorations significatives dans des tâches comme la traduction automatique, la génération de texte, la réponse aux questions, et plus encore.

Qu'est-ce qu'une séquence d'entrée?

Dans le contexte du traitement du langage naturel (NLP) et des modèles de type Transformer, une séquence d'entrée est généralement une suite de mots, de phrases ou de caractères à laquelle le modèle doit répondre ou sur laquelle il doit agir.

Une « séquence d'entrée » est une commande envoyée au logiciel ChatGPT, par exemple en dialoguant avec lui par l'intermédiaire d'un navigateur comme EDGE sous Windows. Cette commande recevra une réponse appelée « séquence de sortie », notamment à l'écran.

Par exemple, dans une tâche de traduction automatique, la séquence d'entrée pourrait être une phrase en anglais que le modèle doit traduire en français. Pour une tâche de génération de texte, la séquence d'entrée pourrait être le début d'une histoire ou d'un article de blog que le modèle doit compléter.

[…]

Dans le cas de GPT et d'autres modèles basés sur l'architecture Transformer, chaque mot de la séquence d'entrée est traité en parallèle, ce qui permet de capturer les dépendances à long terme entre les mots et d'améliorer la performance sur diverses tâches de NLP.

La dépendance à long terme est abordée ci-dessous dans la question portant sur une succession d'échanges

Une réponse de GPT peut-elle être appelée indifféremment 'sortie' ou 'séquence de sortie'?

Oui, les termes "sortie" et "séquence de sortie" peuvent être utilisés de manière interchangeable pour décrire la réponse générée par un modèle de langage comme GPT.

[...]

Donc, dans le contexte d'une conversation avec GPT, la "sortie" ou la "séquence de sortie" serait la réponse que le modèle génère à une question ou à une invite donnée.

1.2.2.2 Dans un dialogue avec GPT, celui-ci peut se souvenir de combien d'échanges successifs 'séquence d'entrée' - 'séquence de sortie' ?

GPT, y compris les versions plus récentes comme GPT-3 et GPT-4, ne possède pas de mémoire à long terme des interactions passées. Il ne "se souvient" pas des échanges successifs d'une session à l'autre. En d'autres termes, il ne stocke ni n'apprend de données spécifiques entre les sessions d'interaction. C'est une caractéristique importante pour garantir la confidentialité et la sécurité des données des utilisateurs.

Cependant, lors d'une session unique ou d'un échange continu, GPT peut prendre en compte un certain nombre d'échanges successifs, tant qu'ils se situent dans la limite de la longueur de séquence maximale du modèle. Pour GPT-3, par exemple, cette limite est de 2048 tokens. Un "token" peut être aussi court qu'un caractère ou aussi long qu'un mot. Ainsi, la longueur exacte de la conversation que GPT peut prendre en compte dépend du nombre de tokens utilisés.

Exemple d'encombrement : la phrase anglaise suivante représente 35 tokens
Multiple models, each with different capabilities and price points. Prices are per 1,000 tokens. You can think of tokens as pieces of words, where 1,000 tokens is about 750 words. This paragraph is 35 tokens.

La limite de 2048 tokens donnée par ChatGPT-4 fin avril 2023 a été remplacée par 4096 tokens deux semaines plus tard, limite qui correspond à plusieurs pages de texte au format A4.

Il est important de noter que lorsqu'on ajoute de nouvelles entrées à la conversation, toutes les entrées précédentes doivent être incluses dans l'entrée pour que le modèle puisse les prendre en compte. Si la conversation dépasse la limite maximale de tokens, il faudra tronquer, résumer ou supprimer une partie du texte pour qu'il rentre dans la limite.

Enfin, il est essentiel de comprendre que GPT ne comprend pas les conversations de la même manière qu'un humain. Il génère des réponses basées sur les patterns qu'il a appris lors de son entraînement, mais il ne possède pas une compréhension sémantique ou contextuelle profonde.

La limite 2048 tokens est la somme des longueurs des seules séquences d'entrée d'un dialogue continu, n'est-ce pas, ou comprend-elle aussi la somme des longueurs des sorties?

La limite de 2048 tokens pour GPT-3 comprend à la fois les entrées et les sorties. Chaque mot, signe de ponctuation, espace, etc., compte comme un token.

Donc, si vous avez une conversation avec plusieurs échanges, la totalité de cette conversation, y compris les questions, les réponses, les espaces et la ponctuation, doit tenir dans cette limite de 2048 tokens.

Si la conversation dépasse cette limite, vous devrez tronquer, résumer ou supprimer une partie de la conversation pour la ramener dans la limite de 2048 tokens. Cela peut signifier la suppression de parties moins pertinentes de la conversation ou la réduction de certaines parties à leur essence.

Il est également important de noter que cette limite peut varier selon la version spécifique du modèle que vous utilisez. Par exemple, GPT-2 a une limite de 1024 tokens. Les futures versions de GPT peuvent avoir des limites différentes.

Les échanges avec GPT doivent donc être concis : questions concises et réponses limitées en taille. Mais la limite de 2048 tokens permet des dialogues assez riches, comme les exemples de ce livre le montrent.

Qu'est-ce qu'un pattern appris lors de l'entrainement?

Un "pattern" dans le contexte de l'apprentissage automatique, et en particulier dans le domaine du traitement du langage naturel, fait référence à des structures récurrentes ou régulières dans les données sur lesquelles le modèle est entraîné.

Par exemple, dans le contexte de l'anglais, un modèle de langage pourrait apprendre que le mot "The" est souvent suivi d'un nom (comme dans "The cat") ou que la suite de mots "I am" est souvent suivie d'un adjectif ou d'un nom (comme dans "I am happy" ou "I am a teacher"). Ces types de régularités sont des exemples de patterns que le modèle pourrait apprendre.

Un autre type de pattern que le modèle pourrait apprendre concerne la grammaire et la syntaxe. Par exemple, il pourrait apprendre que les phrases en anglais ont généralement la structure sujet-verbe-objet, ou que certaines combinaisons de mots et de temps de verbes vont ensemble.

Lors de l'entraînement, le modèle est exposé à d'énormes quantités de texte, et il apprend à prédire le prochain mot dans une séquence en se basant sur les patterns qu'il a identifiés dans les données d'entraînement. Cette capacité à reconnaître et à générer des patterns est ce qui permet à GPT et à d'autres modèles de langage de générer du texte qui semble naturel et cohérent.

La « compréhension » de GPT est donc basée sur la reconnaissance de structures, suites de mots et hiérarchies de suites de mots. Une structure reconnue correspond donc à une prédiction du morceau de texte suivant connaissant les morceaux précédents dans le dialogue en cours. La traduction est alors une correspondance de structures d'une langue à une autre. Vu l'excellent français dans lequel ChatGPT-4 s'exprime, reconnaissance et correspondance de structures ont une qualité remarquable.

1.2.2.3 *Comment fonctionne l'entrainement de GPT? Quelles sont ses étapes, quels sont ses résultats, quelles sont ses limites, quels sont ses biais?*

L'entraînement de GPT, ou Generative Pretrained Transformer, est un processus en deux étapes : la pré-formation et la mise au point.

1. Pré-formation : Au cours de cette étape, GPT est formé pour prédire le prochain mot dans une séquence, en utilisant une grande quantité de texte provenant d'Internet. Le modèle n'a aucune information sur le contexte spécifique de ces

textes (il ne sait pas, par exemple, quelles pages spécifiques ont été utilisées pour l'entraînement, ou quelles informations sont contenues dans ces pages). L'objectif de cette étape est d'apprendre une représentation riche du langage, y compris la grammaire, la syntaxe, les faits sur le monde, et même certains biais présents dans les textes sur lesquels il a été formé.

Exemples de biais : la langue anglaise avec sa grammaire particulière ; les textes Internet créés aux Etats-Unis sur des sujets intéressant les Américains ; des règles d'éthique empêchant la production de types de textes qui déplaisent aux créateurs de GPT ; des règles de sécurité empêchant la divulgation de textes Internet secrets insuffisamment protégés auxquels GPT a eu accès…

Nous développons sur ce sujet plus bas, au paragraphe « <u>Les biais de ChatGPT</u> ».

2. Mise au point : Après la pré-formation, GPT est ajusté sur une tâche spécifique, comme la traduction ou la génération de texte. Durant cette étape, le modèle est formé sur un ensemble de données plus petit et spécifique à la tâche, qui a été soigneusement créé et annoté par des humains.

Cette étape est appelée « fine tuning ».

En termes de résultats, GPT a démontré une performance impressionnante dans un large éventail de tâches de traitement du langage naturel, y compris la génération de texte, la traduction automatique, la réponse aux questions et bien d'autres.

Concernant les limites, bien que GPT soit capable de générer du texte qui semble cohérent et grammaticalement correct, il a ses limitations.

1.2.3 Conseils de prudence concernant l'emploi de résultats générés par l'IA

Citer ces limitations autres que celle du nombre maximum de tokens

Voici quelques limitations notables de GPT et des modèles de langage similaires :

1. Absence de compréhension du monde réel : GPT ne comprend pas le monde de la même façon qu'un être humain. Il ne possède pas de conscience ou de connaissances du monde réel au-delà des patterns qu'il a appris de son ensemble de données d'entraînement.

2. Fiabilité des informations : GPT peut générer des informations incorrectes ou trompeuses. Il n'a pas la capacité de vérifier les faits ou d'accéder à des informations en temps réel. Par exemple, il ne peut pas fournir des informations sur des événements qui se sont produits après sa dernière mise à jour (qui est en septembre 2021 pour GPT-3).

3. Incohérence : Bien que GPT puisse générer du texte qui semble cohérent à court terme, il peut produire des réponses incohérentes sur de plus longs dialogues ou textes.

4. Sensibilité au format de l'entrée : Le format ou la formulation exacte de l'entrée peut influencer la sortie de GPT de manière significative. De légères reformulations d'une même question peuvent produire des réponses différentes.

5. Génération de contenu inapproprié ou offensant : GPT peut parfois générer du contenu qui est inapproprié, offensant, ou biaisé. Bien que des efforts soient faits pour atténuer ces problèmes lors de l'entraînement et grâce à des filtres de modération, il n'est pas parfait.

ChatGPT peut donc sans sourciller fournir des contre-vérités énormes ou choquantes, ou des absurdités qu'un être humain ne laisserait pas passer.

L'utilisateur doit donc réfléchir avant d'accepter une affirmation de ChatGPT-4, il est seul responsable de l'usage qu'il en fait.

6. Manque de transparence : Les modèles de langage comme GPT sont souvent qualifiés de "boîtes noires" parce qu'il peut être difficile de comprendre pourquoi ils ont généré une certaine sortie. Cela peut rendre difficile leur utilisation dans des contextes où l'explicabilité et la responsabilité sont importantes.

Dans mes essais, chaque fois que j'ai demandé à ChatGPT les adresses des pages Internet dont il cite des informations, il les a fournies. En republiant des informations issues de ChatGPT l'utilisateur peut donc justifier leurs sources. Mais ChatGPT-4 ne révèle pas les sources de sa base de données de formation.

Quant aux biais, ils proviennent principalement des données d'entraînement. Si les données d'entraînement contiennent des biais (par exemple, des stéréotypes de genre ou de race), le modèle est susceptible de les apprendre et de les perpétuer. OpenAI s'efforce de réduire ces biais autant que possible, mais c'est un défi complexe et en cours.

ChatGPT a été conçu pour pouvoir servir un grand nombre d'utilisateurs simultanés. Il dispose d'une puissance de calcul énorme, accédant à un volume de connaissances colossal. A l'usage, les temps de réponse aux questions sont de l'ordre de quelques secondes pour les utilisateurs abonnés ($24 par mois, c'est-à-dire environ 22,50€ en France en mai 2023).

Citer des ouvrages en anglais ou en français sur l'architecture Transformer

L'architecture Transformer est un modèle de traitement du langage naturel qui repose sur des mécanismes d'attention autorégulée (ou auto-attention) pour améliorer la qualité de la traduction automatique, entre autres applications. Ce modèle a été introduit pour la première fois dans le papier "Attention is All You Need" par Vaswani et al. (2017) [2].

Il peut être un peu difficile de trouver des livres entièrement dédiés à l'architecture Transformer, car cette technologie est relativement récente et évolue rapidement. Cependant, il y a des livres qui couvrent les concepts de l'apprentissage profond et du traitement du langage naturel, y compris les Transformers. En voici quelques-uns :

1. "Deep Learning" de Yoshua Bengio, Ian Goodfellow, et Aaron Courville : Bien que ce livre ne couvre pas spécifiquement les Transformers, il est une excellente ressource pour comprendre les concepts fondamentaux de l'apprentissage profond qui sous-tendent les Transformers.

2. "Hands-On Machine Learning with Scikit-Learn, Keras, and TensorFlow: Concepts, Tools, and Techniques to Build Intelligent Systems" de Aurélien Géron : Ce livre contient une section sur le traitement du langage naturel avec les Transformers.

3. "Deep Learning for Coders with fastai and PyTorch: AI Applications Without a PhD" de Jeremy Howard et Sylvain Gugger : Ce livre propose une introduction à l'apprentissage profond et comprend des informations sur les Transformers.

4. "Transformers for Natural Language Processing" de Denis Rothman : Ce livre, disponible en anglais, se concentre sur l'utilisation des Transformers pour le traitement du langage naturel. Il propose une introduction aux Transformers et explique comment les utiliser pour résoudre des problèmes courants en traitement du langage naturel.

Il est aussi recommandé de suivre les dernières recherches publiées dans des conférences et des journaux spécialisés, comme NeurIPS, ICML, ACL, et autres, car le domaine évolue très rapidement.

Conclusion : l'architecture Transformer continue à progresser rapidement, avec des améliorations tous les quelques jours. Voir ChatGPT — Release Notes https://help.openai.com/en/articles/6825453-chatgpt-release-notes.

1.2.3.1 Combien de paramètres sont utilisés par OpenAI dans GPT-3?

Le modèle de langage GPT-3 d'OpenAI est le plus puissant derrière l'API aujourd'hui, avec 175 milliards de paramètres [1]. Est-ce que cela répond à votre question? En savoir plus :

1 - https://intelligence-artificielle.developpez.com/actu/309090/Microsoft-signe-un-partenariat-avec-OpenAI-afin-d-obtenir-une-licence-exclusive-pour-le-modele-de-langage-GPT-3-cette-licence-permet-a-Microsoft-d-utiliser-GPT-3-dans-ses-produits-et-services/ dont voici un extrait :

> « GPT-3 est parvenu à tenir ses promesses en totalisant 175 milliards de paramètres. Il va même au-delà, puisque le modèle de traitement de langage :
> a été en mesure de compléter des essais en imitant parfaitement la plume d'un utilisateur,
> - a permis de générer du code HTML opérationnel et compatible avec les indications données,
> - a produit un texte fictif dont le style s'inspire de celui d'un écrivain célèbre,
> - a même fait la preuve de sa capacité pour répondre à des questions médicales en simulant un diagnostic. »

Combien de paramètres sont utilisés par OpenAI dans GPT-4?

OpenAI est resté discret sur les détails de GPT-4 jusqu'à présent, mais selon les rumeurs, il disposerait de 100 billions (100 000 000 000 000) de paramètres[*]. Cela représente un réseau 571 fois plus développé que GPT-3 qui avait 175 milliards de paramètres[2]. Est-ce que cela répond à votre question?

1.2.3.2 Qu'apporte ChatGPT-4 par rapport à ChatGPT-3 ?

(Questions posées le 26/04/2023)

1.2.3.3 Quelles sont les nouveautés de GPT-4 par rapport à GPT-3?

Il n'y a actuellement aucune information officielle sur les nouveautés de GPT-4 par rapport à GPT-3, car GPT-4 n'a pas encore été annoncé ou publié. OpenAI n'a pas non plus précisé de date de sortie pour GPT-4.

Cependant, il est probable que GPT-4 sera une version améliorée de GPT-3 avec des fonctionnalités supplémentaires et une plus grande capacité de traitement. GPT-3 a été salué pour sa capacité à générer du texte de qualité humaine dans une grande variété de tâches, et il est possible que GPT-4 continue dans cette voie en augmentant encore la qualité et la précision de sa production de texte.

Il est également possible que GPT-4 utilise de nouvelles techniques d'apprentissage automatique ou d'architecture de réseau de neurones pour améliorer ses performances. Cela pourrait inclure des améliorations dans la compréhension du langage naturel, la reconnaissance des images, la traduction automatique, ou dans d'autres domaines connexes.

En fin de compte, il est difficile de savoir avec certitude quelles seront les nouveautés de GPT-4 tant qu'il n'a pas été annoncé ou publié. Cependant, étant donné la réputation d'OpenAI en matière d'innovation dans le domaine de l'IA, il est probable que GPT-4 représentera une avancée significative par rapport à GPT-3.

1.2.4 Exemple de traduction d'un article sur les dangers de l'IA

Pour faire traduire un texte par ChatGPT-4 il suffit de taper la commande « Traduire » suivie par un espace et un « coller » du texte en question terminé par « Entrée ». Compte tenu de la limite du nombre de tokens, le texte collé ne doit pas dépasser quelques milliers de caractères, mais on peut recommencer jusqu'à la fin du texte, si long soit-il. Voici la traduction d'un texte intéressant sur les dangers de l'IA générative de 3 pages A4 et 1400 mots anglais (j'ai tapé 3 fois la commande « continuer ») [3].

1.2.4.1 Traduire 'The Godfather of A.I.' Leaves Google and Warns of Danger Ahead…

"Le Parrain de l'I.A." quitte Google et met en garde contre les dangers à venir

The New York Times - 1er mai 2023 – Par Cade Metz
Geoffrey Hinton était un pionnier de l'intelligence artificielle. En 2012, le Dr Hinton et deux de ses étudiants en doctorat à l'Université de Toronto ont créé une technologie qui est devenue la base intellectuelle des systèmes d'I.A. que les plus grandes entreprises du secteur technologique considèrent comme une clé de leur avenir.

Cependant, lundi, il a officiellement rejoint un nombre croissant de critiques qui estiment que ces entreprises courent un danger en menant une campagne agressive pour créer des produits basés sur l'intelligence artificielle générative, la technologie qui alimente les chatbots *(robots traducteurs)* populaires comme ChatGPT.

Le Dr Hinton a déclaré avoir quitté son poste chez Google, où il travaillait depuis plus d'une décennie et où il est devenu l'une des voix les plus respectées du domaine, afin de pouvoir librement parler des risques de l'I.A. Une partie de lui, dit-il, regrette maintenant le travail de sa vie.

"Je me console avec l'excuse habituelle : si je ne l'avais pas fait, quelqu'un d'autre l'aurait fait," a déclaré le Dr Hinton lors d'une longue interview la semaine dernière dans la salle à manger de sa maison à Toronto, à quelques pas de l'endroit où lui et ses étudiants ont fait leur percée.

Le passage du Dr Hinton de pionnier de l'I.A. à prophète de malheur marque un moment remarquable pour l'industrie technologique *(la technologie de l'IA)*, peut-être à son point d'inflexion le plus important en plusieurs décennies. Les dirigeants de l'industrie *(cette activité)* estiment que les nouveaux systèmes d'I.A. pourraient être aussi importants que l'introduction du navigateur web au début des années 1990 et pourraient conduire à des percées dans des domaines allant de la recherche sur les médicaments à l'éducation.

Mais de nombreux initiés de l'industrie *(cette activité)* craignent qu'ils ne libèrent quelque chose de dangereux dans la nature. L'I.A. générative peut déjà être un outil de désinformation. Bientôt, elle pourrait être un risque pour l'emploi. Quelque part plus loin, les plus grands inquiets de la tech *(les gens du métier les plus inquiets)* disent elle (qu'elle) pourrait être un risque pour l'humanité.

"Il est difficile de voir comment on peut empêcher les acteurs malveillants de l'utiliser à mauvais escient", a déclaré le Dr Hinton.

Après que la start-up de San Francisco, OpenAI, ait sorti une nouvelle version de ChatGPT en mars, plus de 1 000 leaders technologiques et chercheurs ont signé une lettre ouverte appelant à un moratoire de six mois sur le développement de nouveaux systèmes, car les technologies d'I.A. posent de "graves risques pour la société et l'humanité".

Quelques jours plus tard, 19 dirigeants actuels et anciens de l'Association pour l'avancement de l'intelligence artificielle, une société académique vieille de 40 ans, ont publié leur propre lettre mettant en gar
ChatGPT-4 s'interrompt après envoi d'une certaine longueur de texte ; ici le mot 'garde' a été coupé en deux. Il suffit alors de réagir naturellement en français, en tapant « continuer » dans sa zone d'entrée.

continuer
de *(contre)* les dangers de l'I.A. Ce groupe comprenait Eric Horvitz, directeur scientifique chez Microsoft, qui a déployé la technologie d'OpenAI dans une vaste gamme de produits, y compris son moteur de recherche Bing.

Le Dr Hinton, souvent appelé "le Parrain de l'I.A.", n'a signé aucune de ces lettres et a déclaré qu'il ne voulait pas critiquer publiquement Google ou d'autres entreprises avant d'avoir quitté son emploi. Il a informé l'entreprise le mois dernier de sa démission et a parlé jeudi par téléphone avec Sundar Pichai, le PDG d'Alphabet, la société mère de Google. Il a refusé de discuter publiquement des détails de sa conversation avec M. Pichai.

Le directeur scientifique de Google, Jeff Dean, a déclaré dans un communiqué : "Nous restons engagés envers une approche responsable de l'I.A. Nous apprenons constamment à comprendre les risques émergents tout en innovant audacieusement."

Le Dr Hinton, un expatrié britannique de 75 ans, est un universitaire de longue date dont la carrière a été motivée par ses convictions personnelles sur le développement et l'utilisation de l'I.A. En 1972, en tant qu'étudiant en doctorat à l'Université d'Edimbourg, le Dr Hinton a adopté une idée appelée réseau neuronal. Un réseau neuronal est un système mathématique qui apprend des compétences *(connaissances)* en analysant des données. À l'époque, peu de chercheurs croyaient en cette idée. Mais elle est devenue l'œuvre de sa vie.

Dans les années 1980, le Dr Hinton était professeur d'informatique à l'Université Carnegie Mellon, mais il a quitté l'université pour le Canada parce qu'il disait être réticent à accepter des financements du Pentagone. À l'époque, la plupart des recherches en I.A. aux États-Unis étaient financées par le Département de la Défense. Le Dr Hinton est profondément opposé à l'utilisation de l'intelligence artificielle sur le champ de bataille - ce qu'il appelle "les soldats robots".

En 2012, le Dr Hinton et deux de ses étudiants à Toronto, Ilya Sutskever et Alex Krishevsky, ont construit un réseau neuronal capable d'analyser des milliers de photos et d'apprendre lui-même *(seul)* à identifier des objets courants, tels que des fleurs, des chiens et des voitures.

Google a dépensé 44 millions de dollars pour acquérir une entreprise créée par le Dr Hinton et ses deux étudiants. Et leur système a conduit à la création de technologies de plus en plus puissantes, y compris de nouveaux chatbots comme ChatGPT et Google Bard. M. Sutskever est devenu le directeur scientifique d'OpenAI. En 2018, le Dr Hinton et deux autres collaborateurs de longue date ont reçu le prix Turing, souvent appelé "le prix Nobel de l'informatique", pour leur travail sur les réseaux neuronaux.

Vers la même époque, Google, OpenAI et d'autres entreprises ont commencé à construire des réseaux neuronaux qui apprenaient *(tout seuls)* à

continuer

partir d'énormes quantités de texte numérique. Le Dr Hinton pensait que c'était un moyen puissant pour les machines de comprendre et de générer du langage, mais cela restait inférieur à la manière dont les humains gèrent le langage.

Puis, l'année dernière, alors que Google et OpenAI construisaient des systèmes utilisant des quantités de données bien plus importantes, son point de vue a changé. Il croyait toujours que ces systèmes étaient inférieurs au cerveau humain à certains égards, mais il pensait qu'ils surpassaient l'intelligence humaine à d'autres. "Peut-être que ce qui se passe dans ces systèmes", a-t-il dit, "est en réalité bien meilleur que ce qui se passe dans le cerveau."

(Il croit qu') À mesure que les entreprises améliorent leurs systèmes d'I.A., il croit *(supprimer il croit)*, elles deviennent de plus en plus dangereuses. "Regardez comment c'était il y a cinq ans et comment c'est maintenant", a-t-il dit à propos de la technologie de l'I.A. "Prenez la différence et projetez-la vers l'avenir. C'est effrayant."

Jusqu'à l'année dernière, a-t-il dit, Google agissait en tant que "bon gardien" de la technologie, faisant attention à ne pas libérer quelque chose qui pourrait causer du tort. Mais maintenant que Microsoft a augmenté *(ajouté à)* son moteur de recherche Bing avec *(supprimer avec)* un chatbot - mettant en *(au)* défi l'activité principale de Google - Google se précipite pour déployer le même type de technologie. Les géants de la technologie sont engagés dans une compétition qui pourrait être impossible à arrêter, a dit le Dr Hinton.

Sa préoccupation immédiate est que l'internet soit *(pourrait être)* inondé de fausses photos, de vidéos et de textes, et que la personne moyenne "ne soit plus capable de savoir ce qui est vrai."

Il craint également que les technologies d'I.A. ne bouleversent le marché du travail à terme. Aujourd'hui, des chatbots comme ChatGPT tendent à compléter le travail des humains, mais ils pourraient remplacer des parajuristes *(juristes assistants)*, des assistants personnels, des traducteurs et d'autres personnes qui effectuent des tâches routinières. "Ça enlève le travail pénible", a-t-il dit. "Ça pourrait enlever plus que ça."

À plus long terme, il craint que les futures versions de la technologie ne représentent une menace pour l'humanité, car elles apprennent souvent un comportement inattendu à partir des énormes quantités de données qu'elles analysent. Cela devient un problème, a-t-il dit, lorsque des individus et des entreprises permettent à des systèmes d'I.A. non seulement de générer leur propre code informatique, mais aussi de le faire fonctionner de manière autonome. Et il craint le jour où les armes véritablement autonomes - ces robots tueurs - deviendront réalité.

"L'idée que cette technologie pourrait effectivement devenir plus intelligente que les humains - quelques personnes y croyaient", a-t-il dit. "Mais la plupart des gens pensaient que c'était encore très loin. Et je pensais que c'était encore très loin. Je pensais que c'était à 30 ou 50 ans, vo

continuer

ire même plus loin. De toute évidence, je ne pense plus cela maintenant."

De nombreux autres experts, y compris beaucoup de ses étudiants et collègues, disent que cette menace est hypothétique. Mais le Dr Hinton croit que la course entre Google, Microsoft et d'autres va s'intensifier en une course mondiale qui ne s'arrêtera pas sans une sorte de réglementation mondiale.

Mais cela peut être impossible, a-t-il dit. Contrairement aux armes nucléaires, a-t-il dit, il n'y a aucun moyen de savoir si les entreprises ou les pays travaillent en secret sur cette technologie. Le meilleur espoir est que les meilleurs scientifiques du monde collaborent sur des moyens de contrôler la technologie. "Je ne pense pas qu'ils devraient augmenter cette échelle *(développer cette technologie)* avant d'avoir compris s'ils peuvent la contrôler", a-t-il dit.

Le Dr Hinton a déclaré que lorsque les gens lui demandaient comment il pouvait travailler sur une technologie potentiellement dangereuse, il paraphrasait Robert Oppenheimer, qui a dirigé l'effort américain pour construire la bombe atomique : "Quand vous voyez quelque chose qui est techniquement doux *(chouette)*, vous allez de l'avant et vous le faites."

Il ne dit plus cela maintenant.

On appréciera la qualité de la traduction, d'autant plus remarquable qu'il s'agit d'un anglais journalistique. Les professionnels de la traduction n'ont plus le choix : ils vont devoir adopter ChatGPT comme outil dont il suffit ensuite de corriger le texte initial.

1.2.5 Test de temps humain de traduction pour évaluer l'intérêt de ChatGPT-4

L'anglais journalistique est en général plus difficile à traduire en français que l'anglais littéraire. J'ai donc voulu voir si ChatGPT-4 permettait de traduire rapidement d'anglais en français le texte de 1441 mots anglais (1712 mots français, soit 3 pages et demie en format A4) du New York Times du 04/05/2023 "A Paper That Says Science Should Be Impartial Was Rejected by Major Journals. You Can't Make This Up".

N'ayant pas sollicité la permission de reproduire ici le texte original ou sa traduction, j'ai demandé à ChatGPT-4 de le résumer après sa traduction. Il m'a fallu 1h 30min pour lire et télécharger le texte anglais, le coller (en 5 parties successives) dans ChatGPT-4 qui l'a traduit, enfin copier dans Word, relire et corriger la demi-douzaine d'erreurs que j'ai relevées. A mon avis, c'est bien plus rapide qu'une traduction assistée par Google Translate ou le traducteur intégré à Microsoft Word. Voici le résumé de l'article généré par ChatGPT-4, où j'ai corrigé deux erreurs minimes.

Il n'a pas été nécessaire de soumettre à nouveau le texte traduit, ChatGPT-4 se souvenant des 5 étapes de dialogue dont on a identifié le début et la fin.

Après certaines des étapes du dialogue de traduction, ChatGPT-4 a « fait du zèle » : il a spontanément résumé ce qu'il venait de générer.

1.2.5.1 Résumer en français l'article dont la traduction commence par "Un article affirmant que la science devrait être impartiale a été rejeté par des revues majeures. Cela ne s'invente pas" et se termine par "C'est ainsi, après tout, que fonctionne la science"

L'article expose *(raconte)* comment un document défendant l'impartialité en science a été rejeté par plusieurs revues prestigieuses, avant d'être finalement publié dans "The Journal of Controversial Ideas". L'étude souligne la tendance croissante à politiser et à subjectiver la recherche scientifique, mettant en danger les principes d'objectivité, de choix au mérite et de preuve.

Parmi les pratiques préoccupantes, on trouve les « déclarations de position politique », « l'équité des citations » et les exigences de diversité, équité et inclusion (DEI) des minorités *(sociales)* dans les candidatures et les promotions professionnelles. Les auteurs soutiennent que, bien que les inégalités et les discriminations soient des problèmes à résoudre, cela ne devrait pas compromettre les principes de la méritocratie et de l'objectivité scientifique. Ils plaident pour l'amélioration des systèmes méritocratiques plutôt que leur démantèlement, et rappellent l'importance de juger la recherche sur ses mérites, car c'est ainsi que fonctionne la science.

ChatGPT-4 a résumé là 3,5 pages en 1/3 page, donc en 10 fois moins de texte.

1.2.6 Langues connues par ChatGPT-4

1.2.6.1 Citer les langues connues par ChatGPT. Cette connaissance suffit-elle pour traduire un texte de n'importe quelle langue en n'importe quelle autre ?

ChatGPT a été formé sur une vaste gamme de données provenant d'Internet, ce qui lui permet de comprendre et de produire du texte dans plusieurs langues. Les principales langues dans lesquelles il peut travailler comprennent *(sont)*:

Anglais; Français; Espagnol; Allemand; Italien; Néerlandais; Russe; Chinois; Japonais; Coréen; Arabe; Portugais; Suédois; Danois; Norvégien; Finlandais; Turc; Polonais; Hongrois; Tchèque; Grec; Hindi; Bengali; Urdu; Indonésien; Vietnamien; Thaï; Hébreu; etc.

Il est à noter que la qualité de la génération de texte de ChatGPT peut varier en fonction de la langue, étant donné que la majorité des données sur lesquelles il a été formé sont en anglais.

Quant à la traduction, bien que ChatGPT soit capable de traduire du texte d'une langue à une autre, il ne remplace pas un outil de traduction dédié. Sa capacité à traduire est limitée et est loin d'être parfaite. Il peut souvent être utile pour des traductions approximatives ou pour comprendre le sens général d'un texte, mais pour des traductions précises et professionnelles, des outils de traduction dédiés ou des traducteurs humains professionnels sont recommandés.

Compte tenu de ces limitations de traduction, lorsque GPT résume en français un texte Internet en anglais quelle confiance peut-on avoir dans la qualité de ce résumé? Même question concernant la qualité d'une synthèse en français de l'œuvre d'un philosophe allemand.

La capacité de ChatGPT à résumer des textes ou à synthétiser des idées dépend de plusieurs facteurs. Il s'agit notamment de la qualité des données d'entraînement, de la complexité du texte source et du niveau d'expertise requis pour comprendre le sujet.

1. Résumé d'un texte Internet en anglais vers le français:
   ChatGPT peut généralement faire un travail assez fiable dans ce contexte. Il a été formé sur une large gamme de données en ligne, y compris de nombreux textes

en anglais, et a une connaissance solide de la langue française. Il peut ne pas être parfait, mais il devrait être en mesure de fournir un résumé utile et largement précis de la plupart des textes en anglais.

2. Synthèse en français de l'œuvre d'un philosophe allemand:
Cela peut être plus compliqué. La philosophie est un domaine qui nécessite une compréhension profonde et nuancée des idées complexes, et cela peut être encore plus difficile lorsque ces idées sont exprimées dans une langue autre que celle dans laquelle ChatGPT a été principalement formé (l'anglais). Il est probable que ChatGPT puisse fournir une synthèse générale des idées principales de l'œuvre du philosophe, mais il peut manquer de subtilités ou de précisions dans la traduction et l'interprétation.

Dans les deux cas, il est important de noter que ChatGPT n'est qu'un outil d'IA et que sa performance peut varier. Il est toujours recommandé de vérifier les informations et les traductions fournies par ChatGPT avec des sources fiables, surtout si vous utilisez ces informations dans un contexte académique ou professionnel.

1.2.7 Génération de programmes à partir d'une demande en langage naturel

ChatGPT-4 peut générer des programmes d'ordinateur à partir d'une demande en langage naturel, permettant ainsi à des programmeurs de gagner du temps. Il documente même le code généré dans la langue de l'utilisateur.

1.2.7.1 En quels langages de programmation ChatGPT-4 peut-il générer du code?

En tant que modèle de traitement du langage naturel, je suis capable de générer du code dans plusieurs langages de programmation courants, tels que :

Python ; JavaScript ; Java ; C ; C++ ; C# ; Ruby ; PHP ; Swift ; Kotlin ; TypeScript ; Go ; Dart ; R ; Scala ; Rust ; Shell scripting (Bash, PowerShell, etc.) ; SQL ; HTML/CSS
Noter le langage de bases de données relationnelles SQL, nous y reviendrons.

Générer en langage C un programme de calcul des 1000 premiers nombres premiers
```c
#include <stdio.h>

int main()
{
   int n = 2, count = 0, i, flag;

   printf("Les 1000 premiers nombres premiers sont :\n");

   while(count < 1000)
   {
      flag = 0;

      // Vérifier si n est un nombre premier
      for(i=2; i<=n/2; ++i)
      {
         // condition pour un nombre premier
         if(n%i==0)
         {
            flag = 1;
            break;
         }
      }

      if(flag == 0)
      {
```

```
        printf("%d ", n);
        ++count;
    }
    ++n;
}
return 0;
}
```

Ce programme utilise une boucle while pour calculer les 1000 premiers nombres premiers. Il utilise une variable n pour stocker le nombre à tester, et une variable count pour compter le nombre de nombres premiers trouvés jusqu'à présent. Le programme utilise une boucle for pour vérifier si n est un nombre premier, en testant s'il est divisible par tous les nombres entre 2 et n/2. Si n est divisible par un nombre autre que 1 et lui-même, alors n n'est pas un nombre premier. Si n est un nombre premier, le programme l'affiche et incrémente la variable count. Le programme continue à tester les nombres jusqu'à ce qu'il en trouve *(ait trouvé)* 1000.

Nous verrons plus loin que OpenAI offre une interface de développement de logiciel d'applications (API : Application Development Interface) permettant à des programmes écrits par un informaticien de sous-traiter des demandes à ChatGPT-4.

1.3   Annonces IA de Microsoft et Amazon en mars et avril 2023

Voici des questions posées à Bing Chat le 07/06/2023 et leurs réponses

<u>*Microsoft annonce l'intégration de la technologie GPT-4 dans ses outils Word, Excel, Outlook et Teams*</u>

Source : Bing Chat, citant Le Monde des 16 et 17 mars 2023

Microsoft a annoncé jeudi 16 mars l'intégration de GPT-4, la dernière itération de la technologie d'intelligence artificielle d'OpenAI, à Microsoft 365, un ensemble de services à destination des professionnels comprenant notamment la suite bureautique Office et le logiciel de visioconférence Teams.

L'intégration de GPT-4, déjà à l'œuvre au sein de l'outil « Conversation » du moteur de recherche Bing ou derrière la version payante de l'agent conversationnel ChatGPT, ajoutera de nouvelles fonctionnalités aux logiciels Office, dont Word, Excel et Outlook. S'il devrait être déployé à grande échelle dans les prochains mois, Microsoft le teste toutefois déjà au sein de vingt entreprises dont il n'a pas donné les noms.

Présentée comme le « copilote Microsoft 365 », cette intelligence artificielle pourra analyser les informations contenues dans des documents professionnels stockés à divers endroits ou évoquées lors de visioconférences passées avec l'outil Teams. Selon l'entreprise américaine, ce « copilote » sera ensuite capable, sur la base de ces informations, de présenter un résumé des enjeux d'une réunion à venir. Il pourra également proposer une synthèse de cette réunion, ou résumer un échange d'e-mails. Ce « copilote » pourra encore écrire ou réécrire un document Word, des e-mails ou des présentations.

<u>*Annonce de la suite d'outils d'intelligence artificielle générative Bedrock par Amazon*</u>

Source : Bing Chat, citant <u>numerama</u> du 14 avril 2023

Amazon se lance lui aussi dans l'IA générative pour concurrencer ChatGPT, Dall-E et Midjourney. Le groupe annonce le projet Bedrock, qui est une suite d'outils d'IA pour répondre à diverses tâches : créer un chatbot, générer des images, résumer un document, écrire du texte…

2 Comment dialoguer avec ChatGPT

Appelons chaque chose par son nom

- *GPT (Generative Pre-Trained Transformer) est une technologie ; c'est le savoir-faire de la société OpenAI.*
- *ChatGPT est l'interface utilisateur Web qui donne accès à un service payant, appelé ChatGPT-4 dans sa version actuelle en juin 2023.*

2.1   Première connexion

On se connecte au serveur ChatGPT-4 en tapant dans un navigateur (comme Edge sous Windows 11) une recherche, ici les deux mots « OpenAI » et « ChatGPT » séparés par un espace et suivis par « Envoi ». Le navigateur affiche la réponse sous forme d'adresses de pages Internet, par exemple :

Cliquer sur le second lien, « ChatGPT ». Le navigateur affiche l'écran de connexion :

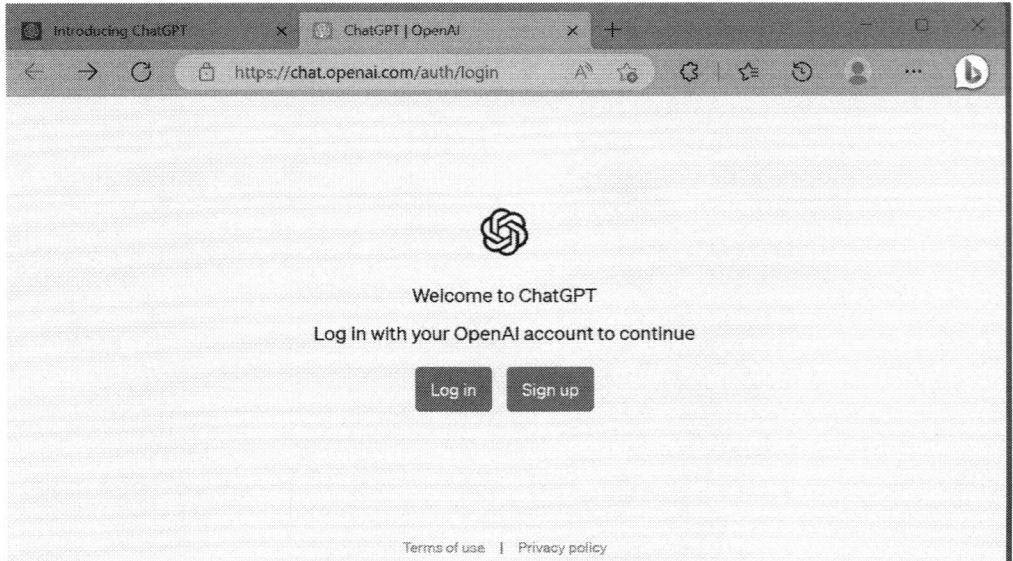

- Si c'est le premier accès à ChatGPT, s'identifier en cliquant sur « Sign up » et en fournissant une adresse mail et un mot de passe.
- Si on s'est déjà identifié lors d'une précédente connexion, cliquer sur « Login » et fournir l'adresse et le mot de passe précédents.

Le navigateur affiche alors une offre d'essayer ChatGPT-4 :

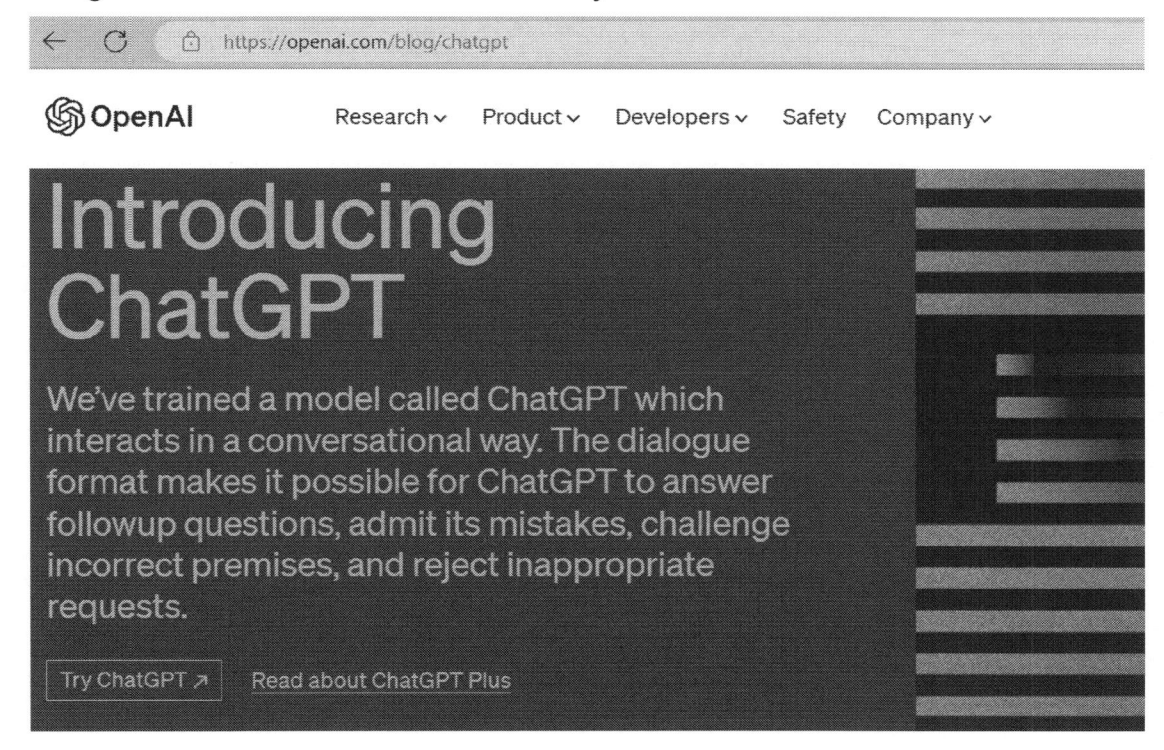

Pour travailler avec ChatGPT-4 cliquer sur « Try ChatGPT » et accepter de payer l'abonnement mensuel d'environ $24 (~22,50 € en mai 2023), quitte à se désabonner après le mois initial. Le navigateur affiche alors la fenêtre de dialogue que nous utiliserons désormais constamment et attend une commande :

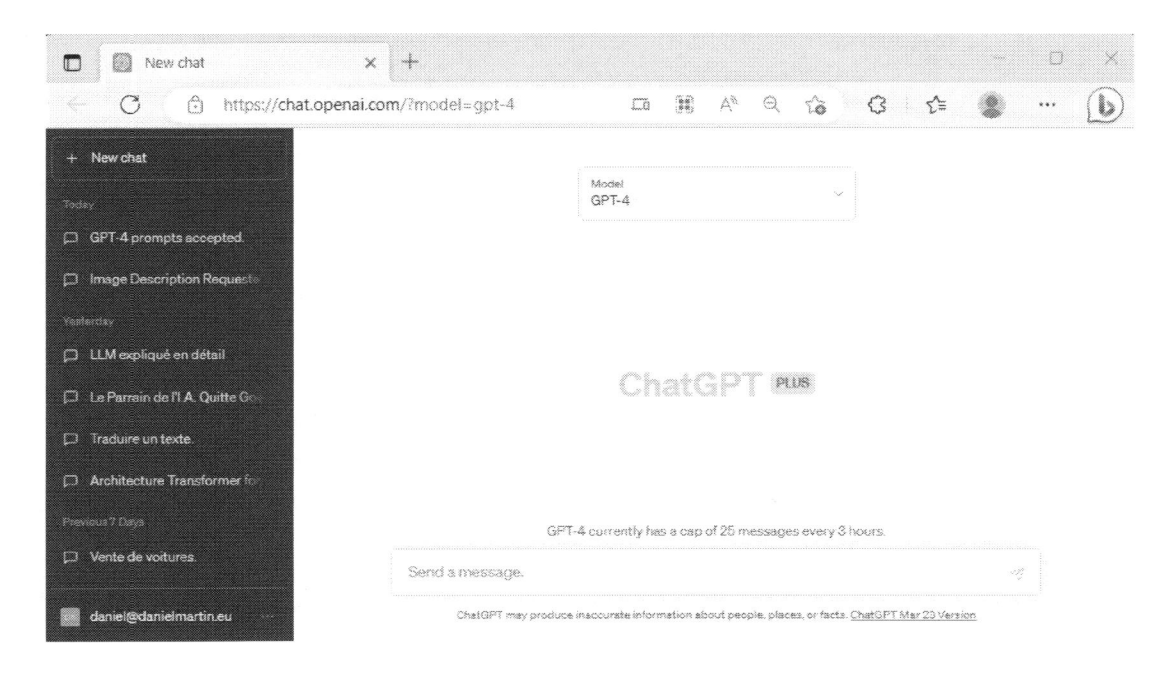

ChatGPT reçoit des commandes tapées au clavier dans la zone de saisie « Send a message » au bas de l'écran, et envoyées en appuyant sur la petite flèche à droite dans cette zone. Il les exécute en répétant la question suivie de sa réponse, texte qu'il affiche en faisant monter l'affichage au fur et à mesure. Il ajoute un bouton « Regenerate response » et garde toujours une zone de saisie en bas de l'écran.

Une colonne à gauche de l'écran liste les titres des sessions de dialogue précédentes. On peut revenir au dernier état de chacun de ces dialogues en cliquant sur son titre. ChatGPT se souvient alors des échanges de ce dialogue, que l'on peut reprendre. Dans l'exemple ci-dessous ChatGPT est revenu à l'exemple d'hier « LLM expliqué en détail », où on voit à droite de l'écran le titre de la commande (prompt) envoyée et le début de la réponse générée.

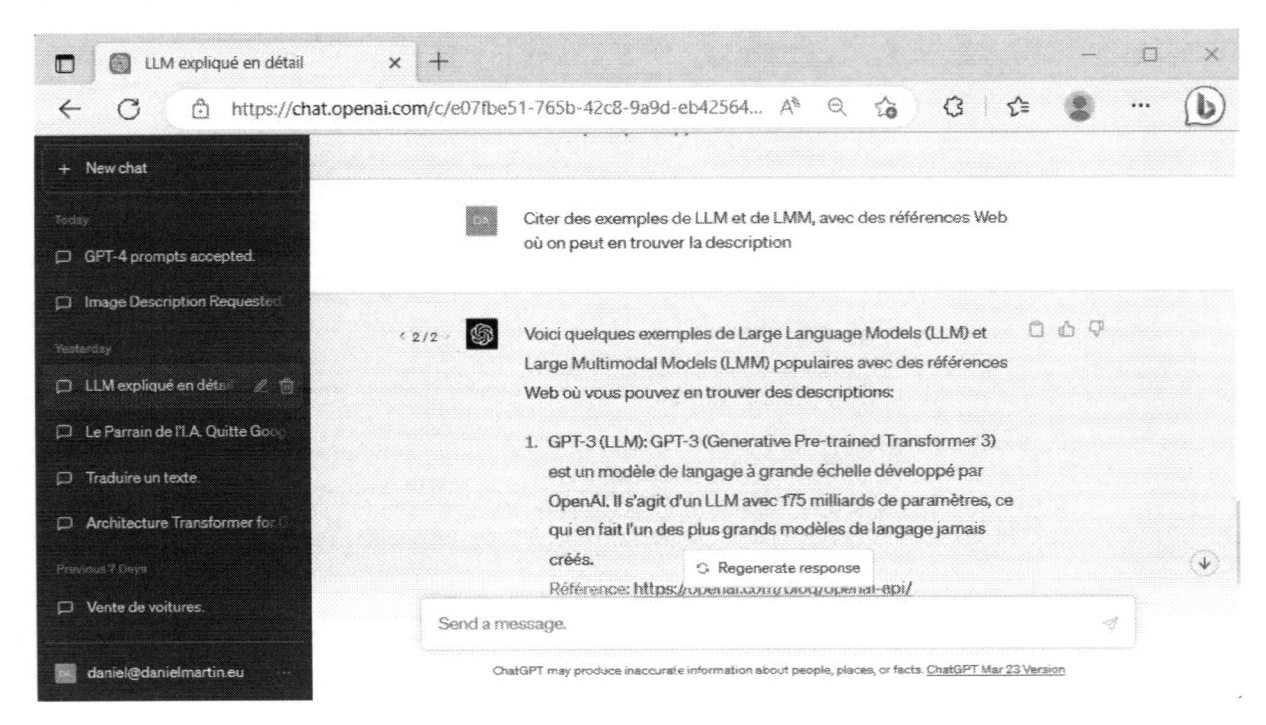

Si l'affichage de la réponse s'arrête alors qu'elle n'est pas terminée, on peut la faire continuer :

- *Soit en cliquant sur la flèche dans un cercle en bas à droite de l'écran si l'affichage s'est arrêté au milieu d'un mot ou d'une phrase ;*
- *Soit en envoyant la commande « continuer ».*

La possibilité de reprendre et poursuivre un dialogue même le lendemain est extrêmement utile pour quiconque a plusieurs activités en cours.

La fenêtre initiale paraît intimidante, l'utilisateur se demande quoi faire.
Or, comme tout logiciel interactif, ChatGPT-4 attend un ordre : « Fais ceci… ». Demandons-lui les ordres qu'il comprend, en général appelés « commandes » en informatique.

2.2 Premier dialogue
2.2.1 Commandes acceptées par ChatGPT-4
2.2.1.1 Lister les commandes acceptées par GPT

En tant que modèle de langage, GPT-4 (comme ses prédécesseurs) ne comprend pas des "commandes" spécifiques, mais il peut répondre à une grande variété de prompts.

Le mot « prompt » désigne donc un ordre en langage naturel. Adieu les formats obligatoires, comme l'ancienne commande « regedit » de Windows tapée dans la fenêtre noire de commandes « cmd.exe », qui lance l'éditeur de registre de Windows ! Cette liberté de forme des prompts promet de comprendre « l'intention » de l'utilisateur exprimée dans son langage.

Voici quelques types de prompts que vous pourriez utiliser :

1. Questions: Posez n'importe quelle question, par exemple "Qu'est-ce que la photosynthèse?" ou "Qui a écrit Le Petit Prince?".
2. Demandes d'écriture créative: Vous pouvez demander à GPT-4 d'écrire une histoire, un poème, un scénario, etc. Par exemple, "Écris une histoire courte sur un robot qui tombe amoureux" ou "Écris un poème sur le printemps".
3. Traduction: Vous pouvez demander à GPT-4 de traduire du texte d'une langue à une autre, par exemple "Traduis 'Je t'aime' en espagnol".
4. Résolution de problèmes: Vous pouvez demander à GPT-4 de résoudre des problèmes simples, par exemple "Si j'ai 10 pommes et que je mange 2, combien m'en reste-t-il?".
5. Explication de concepts: Vous pouvez demander à GPT-4 d'expliquer un concept, par exemple "Explique-moi la théorie de la relativité".
6. Simulation de personnage: Vous pouvez demander à GPT-4 de simuler un personnage, par exemple "Imagine que tu es Shakespeare et écris une scène de pièce".
7. Résumé de texte: Vous pouvez demander à GPT-4 de résumer un texte, par exemple "Résume l'intrigue de '1984' de George Orwell".
8. Suggestions de noms ou d'idées: Par exemple, "Suggère des noms pour un café littéraire" ou "Propose des idées pour un roman de science-fiction".
9. Génération de code: Vous pouvez demander à GPT-4 de générer du code de programmation simple, par exemple "Écris une fonction Python pour additionner deux nombres".
10. Aide à la rédaction de lettres ou d'emails: Par exemple, "Aide-moi à rédiger une lettre de motivation pour une offre d'emploi dans le domaine de l'ingénierie".

Il est important de noter que, bien que GPT-4 soit très puissant, il a ses limites. Il ne peut pas comprendre ou générer des informations qui n'étaient pas disponibles avant sa date de coupure de connaissance (en septembre 2021 pour GPT-4), et il ne peut pas comprendre le contexte personnel ou privé, car il n'a pas accès à des données spécifiques sur les utilisateurs ou à Internet en général.

Pour illustrer un dialogue complet et, en même temps, la possibilité de faire faire à GPT un raisonnement complet en posant des questions successives, cherchons la longueur d'une année exprimée en jours solaires moyens, notion définie par une convention internationale.

2.2.2 Dialogue de calcul du nombre de jours solaires moyens en une année

2.2.2.1 Définition d'un jour solaire moyen

Un jour solaire moyen est une unité de temps utilisée pour mesurer la durée d'une journée sur Terre. Il est basé sur la durée moyenne d'un jour de rotation de la Terre sur elle-même par rapport au Soleil. Un jour solaire moyen est défini comme étant de 24 heures, ou plus précisément, de 86 400 secondes.

Cependant, la rotation de la Terre n'est pas parfaitement uniforme. Des irrégularités et des variations, telles que les marées océaniques, les mouvements du noyau terrestre et d'autres facteurs, peuvent légèrement affecter la durée d'un jour solaire réel. Par conséquent, le jour solaire moyen est une valeur moyenne qui sert de référence pour notre mesure du temps, plutôt que d'utiliser un jour solaire réel, qui peut varier légèrement d'un jour à l'autre.

Dans une année combien y a-t-il de jours solaires moyens?

Une année solaire moyenne est basée sur le temps que met la Terre pour compléter *(parcourir)* une orbite autour du Soleil. Cette période est d'environ 365,24 jours solaires moyens. Cependant, pour des raisons pratiques, le calendrier civil utilise une année de 365 jours, avec une année bissextile de 366 jours tous les quatre ans pour compenser la différence accumulée.

Compte tenu des années bissextiles, combien y a-t-il en moyenne de jours par an?

En tenant compte des années bissextiles, la durée moyenne d'une année est légèrement plus longue que 365 jours. Une année bissextile, qui compte 366 jours, se produit tous les quatre ans (à quelques exceptions près, comme les années divisibles par 100 mais pas par 400). Pour calculer la durée moyenne d'une année, on peut prendre en compte cette règle :

(3 années normales * 365 jours) + (1 année bissextile * 366 jours) / 4 années = 1461 jours / 4 années = 365,25 jours

Ainsi, en tenant compte des années bissextiles, il y a en moyenne 365,25 jours par an.

Le calcul précédent ne tient pas compte des années divisibles par 400. Combien y a-t-il de jours par an si on en tient compte?

Vous avez raison, le calcul précédent ne tenait pas compte des exceptions pour les années divisibles par 100 mais pas par 400. Voici le calcul corrigé :

Dans 400 ans, il y a 100 années divisibles par 4 (y compris celles divisibles par 100), donc 100 années bissextiles. Mais 3 de ces années sont en réalité des années communes *(ordinaires)* (divisibles par 100 mais pas par 400), donc il faut les soustraire. Il reste donc 97 années bissextiles en 400 ans.

Dans ces 400 ans, il y a aussi 303 années communes *(ordinaires)* (400 - 97 = 303).

Le total de jours pour ces 400 ans est donc :
(303 années * 365 jours) + (97 années * 366 jours) = 110,595 jours *(110.595 avec un point au lieu de la virgule américaine)*
Ici GPT se trompe : 303 x 365 = 110595 et 97 x 366 = 35502 dont le total est 146097 et non 110595.

Pour trouver la moyenne de jours par an sur cette période de 400 ans, divisez le total de jours par 400 : 110,595 jours / 400 années ≈ 365,2425 jours

Encore faux : il faut diviser 146097 par 400 et non diviser 110595 par 400, mais on trouve bien 146097 / 400 = 365,2425

Ainsi, en tenant compte des exceptions pour les années divisibles par 100 mais pas par 400, il y a en moyenne environ 365,2425 jours par an.

GPT n'a pas fait ce raisonnement tout seul, il l'a trouvé dans la base de données d'origine Internet sur laquelle OpenAI l'a entraîné en septembre 2021. Comme un élève qui copie sur son voisin en se trompant, il a omis un terme dans le calcul du nombre total de jours en 400 ans, mais a bien recopié le résultat exact, ce qui prouve qu'il ne comprend pas vraiment ce qu'il fait.

On voit ici que l'utilisateur de GPT doit vérifier ce que GPT lui dit. C'est l'homme qui est responsable du résultat, pas le logiciel ou la technologie de l'IA.

3 Exemples d'utilisation de ChatGPT-4, BING et Google

3.1 Recherches sur le Web

Les recherches sur le Web se font depuis des années à partir de navigateurs, sans utiliser GPT.

3.1.1.1 Lister et comparer les outils Internet comme Google et Bing permettant de faire des recherches en les triant par système d'exploitation

Il est important de noter que les outils de recherche sur Internet, tels que Google et Bing, sont accessibles via des navigateurs web et ne sont pas limités à un système d'exploitation spécifique. Cependant, certains navigateurs sont conçus pour fonctionner de manière optimale avec un système d'exploitation particulier. Voici une liste des navigateurs populaires et leur compatibilité avec différents systèmes d'exploitation :

1. Google Chrome : Systèmes d'exploitation : Windows, macOS, Linux, Android, iOS, Moteur de recherche par défaut : Google

2. Microsoft Edge : Systèmes d'exploitation : Windows, macOS, Android, iOS
   Moteur de recherche par défaut : Bing

3. Mozilla Firefox : Systèmes d'exploitation : Windows, macOS, Linux, Android, iOS
   Moteur de recherche par défaut : Google

4. Apple Safari : Systèmes d'exploitation : macOS, iOS, Moteur de recherche par défaut : Google

5. Opera : Systèmes d'exploitation : Windows, macOS, Linux, Android, iOS
   Moteur de recherche par défaut : Google

Il est important de noter que tous ces navigateurs permettent de changer le moteur de recherche par défaut. Vous pouvez donc utiliser Google, Bing ou d'autres moteurs de recherche, quel que soit le navigateur que vous choisissez. De plus, il existe des moteurs de recherche alternatifs axés sur la protection de la vie privée, tels que DuckDuckGo et Qwant, que vous pouvez également utiliser comme moteur de recherche par défaut dans ces navigateurs.

Firefox est-il un système d'exploitation? Si oui, sur quels matériels?

Firefox n'est pas un système d'exploitation. C'est un navigateur web développé par la Mozilla Foundation. Firefox est conçu pour fonctionner sur plusieurs systèmes d'exploitation, notamment Windows, macOS, Linux, Android et iOS.

Il convient de noter que Mozilla a développé un système d'exploitation mobile appelé Firefox OS, basé sur les technologies Web. Cependant, le développement et le support de Firefox OS ont été arrêtés en 2016. Firefox OS était principalement destiné aux smartphones et aux appareils connectés, tels que les téléviseurs intelligents.

3.1.2 Recherche comprenant un critère de valeur numérique

L'outil de recherche Web le plus utilisé est Google. Voyons comment il effectue une recherche comprenant un critère de valeur numérique.

3.1.2.1 Quels sont les présidents de la République française élus avant l'âge de 60 ans?

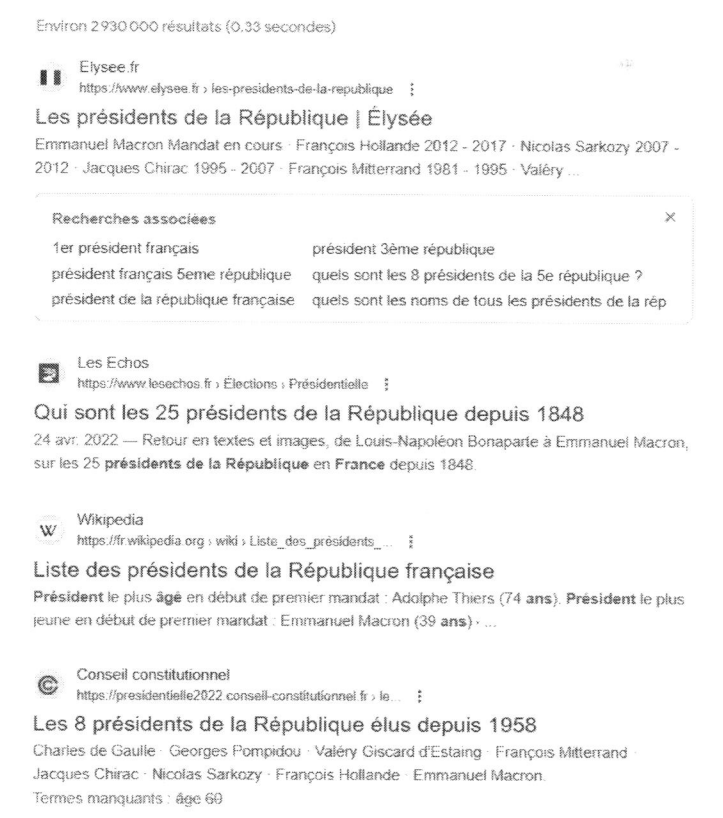

Environ 2 930 000 résultats (0.33 secondes)

Elysee.fr
https://www.elysee.fr › les-presidents-de-la-republique

Les présidents de la République | Élysée
Emmanuel Macron Mandat en cours · François Hollande 2012 - 2017 · Nicolas Sarkozy 2007 - 2012 · Jacques Chirac 1995 - 2007 · François Mitterrand 1981 - 1995 · Valéry ...

Recherches associées

1er président français	président 3ème république
président français 5eme république	quels sont les 8 présidents de la 5e république ?
président de la république française	quels sont les noms de tous les présidents de la rép

Les Echos
https://www.lesechos.fr › Élections › Présidentielle

Qui sont les 25 présidents de la République depuis 1848
24 avr. 2022 — Retour en textes et images, de Louis-Napoléon Bonaparte à Emmanuel Macron, sur les 25 **présidents de la République** en **France** depuis 1848.

Wikipedia
https://fr.wikipedia.org › wiki › Liste_des_présidents_...

Liste des présidents de la République française
Président le plus **âgé** en début de premier mandat : Adolphe Thiers (74 **ans**). **Président** le plus jeune en début de premier mandat : Emmanuel Macron (39 **ans**) › ...

Conseil constitutionnel
https://presidentielle2022.conseil-constitutionnel.fr › le...

Les 8 présidents de la République élus depuis 1958
Charles de Gaulle · Georges Pompidou · Valéry Giscard d'Estaing · François Mitterrand · Jacques Chirac · Nicolas Sarkozy · François Hollande · Emmanuel Macron.
Termes manquants : âge 60

Google ne fait donc pas de recherche basée sur une valeur numérique. Voici la réponse de Bing à la même question :

Environ 99 400 000 résultats   Date ▾

Liste des présidents de la République française
https://fr.wikipedia.org/wiki/Liste_des_présidents_de_la_Républiq... ▾
Records Président ayant été en fonction le plus longtemps : François Mitterrand (13 ans, 11 mois et 26 jours). Président ayant été en fonction le moins longtemps : Jean Casimir-Perier (205 jours, soit 6 mois et 20 jours). Président ayant vécu le plus longtemps : **Valéry Giscard d'Estaing** (mort à 94 ans et 10 ... Afficher plus

Vue d'ensemble
Cet article dresse la liste des présidents de la République française de 1848 à 1852, de 1871 à 1940 et depuis 1947. Afficher plus

Frise chronologique
Cette frise chronologique ne présente pas la Première République car la fonction de président de la République n'avait pas été créée. Le mandat de Président de la Convention nationale était de seulement deux semaines, soit 26 mandats par an. Afficher plus

Liste
La Première République ne figure pas dans cette liste car aucune de ses trois gouvernances successives ne prévoyait une présidence : la Convention nationale et le Afficher plus

Voir aussi
Articles connexes
· Liste des chefs d'État français
· Liste des monarques de France
· Élections présidentielles en France
Afficher plus

Tout voir sur Wikipedia >
Texte Wikipédia sous licence CC-BY-SA

Qui sont les 25 présidents de la République depuis 1848
https://www.lesechos.fr/elections/presidentielle/qui-sont-les-25... ▾

- Louis-Napoléon Bonaparte (1848-1852) Premier président de la République de la France, le ...
- Adolphe Thiers (1871-1873) Après la chute du Second Empire, Adolphe Thiers est nommé, ...
- Patrice de Mac Mahon (1873-1879) Le soir même de la démission d'Adolphe Thiers, la ...
- Jules Grévy (1879-1887) Jules Grévy est élu quelques heures seulement après la démission ...

Voir la liste complète sur lesechos.fr

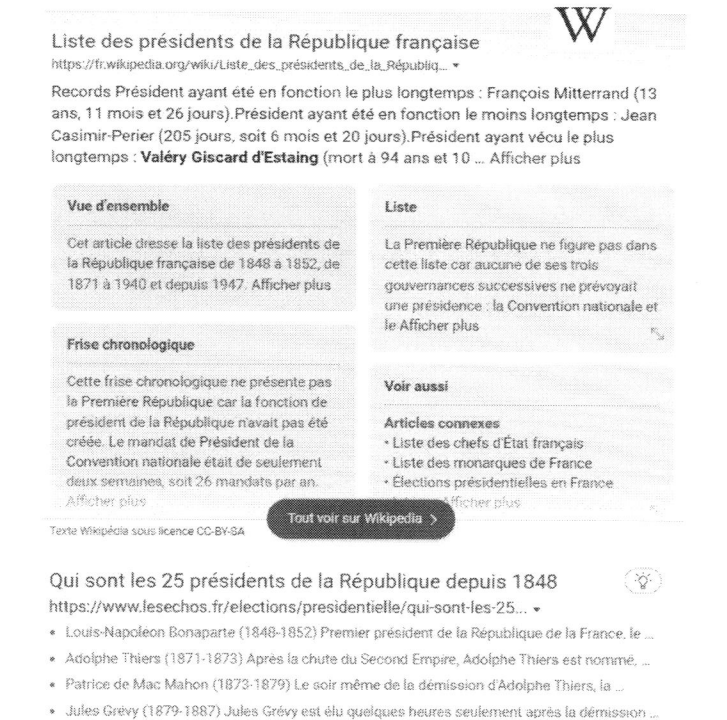

Bing ne fait pas, non plus, de recherche basée sur une valeur numérique.
Voici la réponse de ChatGPT-4 à la même question :

Voici une liste des présidents de la République française élus avant l'âge de 60 ans, avant *(compte tenu de)* la date de mon dernier entraînement en septembre 2021 :

- Valéry Giscard d'Estaing (1974) : Élu président à l'âge de 48 ans, Giscard d'Estaing a été le plus jeune président élu en France.

- Emmanuel Macron (2017) : Élu président à l'âge de 39 ans, Macron est devenu le plus jeune président de l'histoire de la République française.

- Nicolas Sarkozy (2007) : Élu président à l'âge de 52 ans.

- François Mitterrand (1981) : Élu président à l'âge de 64 ans lors de son premier mandat, Mitterrand a été réélu en 1988 à l'âge de 71 ans. Bien que Mitterrand ne réponde pas directement à votre question, il est important de mentionner son premier mandat car il a été élu à un âge proche de 60 ans.

Il convient de noter que les âges mentionnés se réfèrent à l'âge des présidents lors de leur première élection à la présidence.

Remarquer l'initiative dont fait preuve ChatGPT dans la réponse précédente :
« Bien que Mitterrand ne réponde pas directement à votre question, il est important de mentionner son premier mandat car il a été élu à un âge proche de 60 ans. »
ChatGPT-4 essaie toujours de fournir des détails dans ses réponses.

Trier la liste précédente par date d'élection

Voici la liste des présidents de la République française élus avant l'âge de 60 ans, triée par date d'élection :

1. Valéry Giscard d'Estaing (1974) : Élu président à l'âge de 48 ans.

2. François Mitterrand (1981) : Élu président à l'âge de 64 ans lors de son premier mandat (bien qu'il ne réponde pas directement à votre question, il est mentionné car il a été élu à un âge proche de 60 ans).

3. Nicolas Sarkozy (2007) : Élu président à l'âge de 52 ans.

4. Emmanuel Macron (2017) : Élu président à l'âge de 39 ans.

ChatGPT-4 sait que 1974, 1981, 2007 et 2017 sont des dates d'élection, alors que la recherche et le tri demandés n'en parlaient pas.

Remarque : Google, Bing et ChatGPT-4 ne fournissent pas de courbes, de graphiques, de photos, de sons ou de vidéos, ils citent les titres et adresses Internet des documents où on les trouve.

3.1.3 Génération d'images à partir d'un descriptif en langage naturel

OpenAI a un outil assez bon marché de génération d'images à partir d'un texte descriptif en langage naturel, DALL-E2. Voici une demande adressée à cet outil dans la page http://labs.openai.com , suivie de sa réponse.

3.1.3.1 (DALL-E2) Une cité de l'avenir avec des bâtiments grands et petits et plusieurs niveaux de routes qui se croisent

On remarque des imperfections : ombres impossibles, bandes blanches sur la chaussée, etc. C'est cette image qui figure sur la couverture de cet ouvrage.

Si on redemande exactement la même génération d'image quelques jours après, DALL-E en propose 4 autres :

La génération d'images est donc une création <u>non répétitive</u>. On peut redemander une génération plusieurs fois de suite jusqu'à l'obtention d'un résultat satisfaisant, en utilisant la commande « Regenerate response ».

3.2   ChatGPT-4 peut écrire en prose et en vers

3.2.1.1   Ecrire un conte pour enfants où il est question d'animaux

Il était une fois, dans une grande forêt profonde et verdoyante, un petit lapin curieux nommé Oscar. Oscar aimait explorer la forêt, bondissant avec joie entre les arbres et les buissons. Un jour, alors qu'il explorait une partie de la forêt qu'il n'avait jamais vue auparavant, il tomba sur une clairière qui était différente de toutes celles qu'il avait vues.

Au milieu de la clairière se trouvait une grande pierre scintillante. Intrigué, Oscar s'approcha et vit que la pierre était ornée d'anciennes inscriptions. "C'est une pierre de souhaits", dit une voix grave. Oscar sursauta et tourna la tête pour voir un grand hibou sage nommé Hector assis sur une branche d'arbre.

"Une pierre de souhaits ?" demanda Oscar, ses yeux brillant de surprise et d'excitation.

"Oui," répondit Hector, "elle accorde un vœu à celui qui est capable de résoudre les énigmes qu'elle présente."

Oscar était déterminé à réaliser un vœu. Il passa les jours suivants à essayer de résoudre les énigmes de la pierre, aidé par Hector et d'autres amis qu'il rencontra en cours de route: Isabelle, la renarde rusée, et Gaston, l'ours fort et gentil.

Chaque énigme était plus difficile que la précédente, mais avec l'aide de ses amis, Oscar parvint à toutes les résoudre. Lorsqu'il résolut la dernière énigme, la pierre se mit à briller d'une lumière éclatante. Une voix douce et mélodieuse s'éleva de la pierre : "Tu as montré une grande sagesse et une grande persévérance, petit lapin. Quel est ton souhait ?"

Oscar pensa un moment, puis sourit. "Je souhaite que la forêt reste toujours sûre et heureuse pour moi et tous mes amis", dit-il.

La pierre scintilla une dernière fois, puis se calma. À partir de ce jour, la forêt fut toujours un endroit sûr et joyeux pour tous ses habitants. Et Oscar, avec ses amis à ses côtés, continua à explorer et à vivre des aventures, sachant que quoi qu'il arrive, ils seraient toujours en sécurité dans leur belle forêt.

Et ils vécurent tous très heureux.

Si on redemande exactement la même chose, ChatGPT-4 invente un autre conte.

Ecrire un conte pour enfants où il est question d'animaux

Il était une fois, dans une grande forêt verdoyante, une petite souris qui s'appelait Sophie. Sophie était une souris curieuse, toujours prête à découvrir de nouvelles choses et à vivre de nouvelles aventures. Toutefois, Sophie avait un problème : elle était très timide.

Un jour, alors qu'elle explorait la forêt, Sophie aperçut une lumière brillante à travers les arbres. Poussée par la curiosité, elle s'approcha et découvrit un joli petit lac. Au milieu du lac, un magnifique lotus émettait une lumière brillante. Sophie était émerveillée par la vue, mais elle ne savait pas nager.

Alors qu'elle réfléchissait à un moyen d'atteindre le lotus, un canard à plumes bleues nommé Charles apparut. Charles était connu dans la forêt pour être le plus grand nageur. Sophie, rassemblant tout son courage, demanda à Charles de l'aider à atteindre le lotus. Charles accepta, mais à une condition : Sophie devait lui promettre de ne plus jamais avoir peur de parler aux autres animaux de la forêt.

Sophie accepta la condition de Charles et monta sur son dos. Ensemble, ils naviguèrent vers le lotus brillant. En chemin, ils ont rencontré des poissons qui nageaient gracieusement et des grenouilles qui sautaient joyeusement de nénuphar en nénuphar. L'expédition était merveilleuse.

Une fois arrivés au lotus, Sophie toucha délicatement la fleur et fut surprise de voir que la lumière s'estompait, révélant un magnifique cristal. Elle prit le cristal dans ses petites pattes et le regarda briller. Elle réalisa alors que la lumière venait de l'intérieur du cristal, tout comme le courage venait de l'intérieur d'elle.

Sophie remercia Charles et, tenant fermement le cristal, elle retourna sur la rive. Elle promit à Charles de parler aux autres animaux de la forêt et de ne plus jamais avoir peur.

Sophie a tenu sa promesse. Elle est devenue une souris très populaire dans la forêt, toujours prête à aider les autres animaux et à partager ses aventures. Elle racontait souvent l'histoire de sa rencontre avec Charles et du voyage vers le lotus brillant, rappelant à tous que le courage vient de l'intérieur.

Et chaque fois qu'elle racontait cette histoire, le cristal brillait encore plus fort, tout comme le courage dans son cœur. Et ainsi, Sophie la petite souris et Charles le canard à plumes bleues vécurent de nombreuses autres aventures, toujours guidés par la lumière du courage et de l'amitié.

Et c'est ainsi que se termine notre conte, mais souvenez-vous : comme pour Sophie, le courage se trouve en chacun de nous.

Comme DALL-E pour sa génération d'images, ChatGPT-4 <u>s'y prend autrement</u> lorsqu'il génère de nouveau ses réponses.

3.2.1.2 *Ecris un poème en alexandrins dans le style de Victor Hugo sur un combat entre Vulcain, dieu des forgerons, et Apis, dieu taureau des Egyptiens.*

Dans le grand ciel, Apis et Vulcain en furie,
Combattent pour l'honneur, dans une danse effrénée.
L'un taureau majestueux, l'autre dieu de l'incendie,
Entre eux se déchaîne une lutte acharnée.

Vulcain, de son marteau, fait trembler les étoiles,
Ses flammes rugissantes transpercent le grand voile.
Apis, robuste et fier, de son front impérial,
Charge dans l'airain rouge, son regard bestial.

Le dieu forgeron, dans la bataille enflammée,
Brandit son arme ardente, la forge illuminée.
Mais Apis, indompté, avec force et courage,
Fend l'air de ses cornes, défiant l'orage.

L'éclat des étoiles est leur seul témoin,
Dans ce combat divin, au cœur de l'infini.
Le fracas des armes résonne dans le lointain,
Une danse céleste sous la voûte infinie.

Mais dans ce grand tumulte, une vérité se tisse :
Le combat n'est pas vain, mais un écho d'abîmes.
Car en chaque être réside une force insoumise,
Comme le feu de Vulcain, comme Apis, indécise.

Et quand l'orage se tait, laissant place au silence,
Respirent les étoiles, témoins de leur danse.
Apis, dieu taureau, et Vulcain, dieu des flammes,
Dans leur lutte infinie, ont trouvé une trame.

Ainsi vont les dieux, dans leur éternel combat,
Écho d'un monde ancien, où tout n'est que débat.
Et nous, simples mortels, au cœur de cet éclat,
Apprenons de leur danse, dans le silence, en bas.

3.2.1.3 Ecris-moi une fable dans le style de Jean de la fontaine entre un lièvre et une tortue

Le Lièvre et la Tortue : Une Course Étonnante

Dans une forêt lointaine et verdoyante,
Vivaient une tortue et un lièvre, voisins charmants.
Le lièvre, fier de sa rapidité,
Narguait sans cesse la tortue et sa lenteur assumée.

Un jour d'été, sous un soleil étincelant,
Le lièvre proposa un défi à sa camarade, en fanfaronnant :
« Ma chère Tortue, nous savons tous les deux
Que je suis bien plus rapide, c'est un fait avéré.
Mais pourquoi ne pas courir pour le prouver ?
Le vainqueur sera proclamé roi de la forêt ! »

La tortue, sage et modeste, répondit avec sérénité :
« Cher Lièvre, je ne suis pas rapide, c'est vrai,
Mais je suis persévérante et déterminée.
J'accepte ton défi, sans aucune hésitation,
Car la valeur d'un roi ne se mesure pas à sa vitesse, mais à sa détermination. »

Le jour de la course arriva, les animaux s'étaient rassemblés,
Impatients de voir qui parmi les deux serait couronné.
Le lièvre, sûr de sa victoire, s'élança avec arrogance,
Laissant derrière lui la tortue et son pas de danse.

Mais le lièvre, après quelques foulées endiablées,
Se sentit fatigué et se dit qu'il pouvait se reposer.
« La tortue n'est pas encore là, elle est si lente !
Un petit somme me fera du bien, je suis contente. (content, lièvre est masculin) »

La tortue, elle, avançait avec ténacité,
Pensant à la couronne et à la respectabilité.
Soudain, elle aperçut le lièvre dormant sous un arbre,
Inconscient de la situation qui l'accable.

Sans hésiter, elle continua son chemin,
Gardant en tête la ligne d'arrivée et son dessein.

Le lièvre, enfin réveillé, aperçut avec horreur,
La tortue franchissant la ligne, sous les applaudissements et les honneurs.

Humble et triomphante, la tortue fut couronnée,
Alors que le lièvre, honteux, s'en alla désolé.
« J'ai appris une leçon aujourd'hui, dit-il tout bas,
La fierté et la présomption nous mènent droit au trépas. »

Car il faut se souvenir, chers lecteurs, de cette morale,
Que la rapidité ne garantit pas toujours la victoire finale.
C'est en persévérant et en faisant preuve d'humilité,
Que l'on parvient à triompher et à régner.

Commentaire : l'imagination est là, mais heureusement La Fontaine faisait de meilleurs vers.

3.3 ChatGPT peut-il mentir ?

3.3.1.1 Nous venons de constater que ChatGPT peut inventer des histoires. Alors comment distinguer dans ses réponses ce qui est vrai de ce qui est faux ?

C'est une excellente question. Comme ChatGPT est un modèle d'apprentissage automatique formé pour générer du texte basé sur les entrées qu'il reçoit, il n'a pas de conscience ou de sens de la vérité ou de la fausseté par lui-même. Au lieu de cela, il produit des réponses basées sur des données qu'il a analysées lors de sa formation. Il ne "sait" pas qu'une information est vraie ou fausse, mais il génère des réponses basées sur les informations dont il dispose.

Il existe plusieurs façons de distinguer ce qui est probablement vrai de ce qui est probablement faux dans les réponses de ChatGPT:

1. Vérifier les sources : Si possible, recherchez les informations fournies par ChatGPT pour vérifier leur exactitude. C'est particulièrement important pour les informations critiques ou sensibles.

2. Comprendre les limites de ChatGPT : Par exemple, ChatGPT ne peut pas fournir d'informations à jour après septembre 2021, car c'est le moment où ses données d'entraînement ont été coupées.

3. Comprendre le contexte : Si vous demandez à ChatGPT d'inventer une histoire ou de créer une fiction, les informations qu'il produit ne sont pas destinées à être vraies.

4. Poser des questions de suivi : Si vous n'êtes pas sûr de la véracité d'une information, posez des questions supplémentaires pour obtenir plus de détails.

Enfin, il est important de se rappeler que bien que ChatGPT puisse être un outil utile pour générer du texte et répondre à des questions, il ne remplace pas une recherche approfondie, l'expertise humaine ou le jugement professionnel lorsqu'il s'agit d'informations importantes ou critiques.

ChatGPT ne peut donc pas mentir. Mentir suppose de connaître la véracité d'une affirmation et une intention de tromper. Or ChatGPT ne peut juger de la véracité d'affirmations trouvées sur Internet, parce qu'il ne les comprend pas comme un être humain ; et il n'a pas d'intention, car ce n'est pas un être conscient, ce n'est qu'un outil informatique de génération de réponses par traduction automatique de textes trouvés.

Par contre, on peut lui faire dire ce que l'on veut dans la mesure où il trouve cette information ou cette opinion dans la base de données de sa formation datant de 2021. Voir ci-dessous le paragraphe « Discours politiques ».

3.3.2 Les hallucinations

Il faut aussi savoir que ChatGPT-4 a parfois des « hallucinations ». Lorsqu'il ne trouve pas, dans les données dont il dispose, de réponse à la question posée, il y cherche une interprétation des données disponibles qu'il estime suffisamment proche, parce qu'il est programmé pour répondre quelque chose. Nous en avons vu un exemple dans la question « <u>Quels sont les présidents de la République française élus avant l'âge de 60 ans ?</u> ». Dans ces cas-là on dit « qu'il hallucine » et ses réponses peuvent être absurdes, ridicules ou scandaleuses parce qu'avec son <u>IA faible</u> il n'a pas de discernement.

En fait, OpenAI s'efforce de limiter le nombre de cas d'hallucination.

3.3.2.1 *Quand tu n'as pas suffisamment de données pour répondre à la question posée, n'inventes tu jamais de réponse ?*

En tant qu'intelligence artificielle, je suis programmée pour ne pas "inventer" des faits ou des données. Mon objectif est de fournir des informations basées sur les données d'entraînement que j'ai reçues, qui comprennent un large éventail de textes et de connaissances jusqu'en septembre 2021. Si je n'ai pas suffisamment d'informations pour répondre à une question précise, je vais essayer de le faire savoir.

Il est important de noter que bien que j'essaie de fournir des informations précises et à jour, il peut y avoir des moments où les informations que je fournis peuvent être inexactes ou obsolètes, étant donné la date de fin de ma formation. Par conséquent, il est toujours préférable de consulter des sources multiples, en particulier pour des sujets importants ou sensibles.

Conclusion : ChatGPT-4 n'est pas responsable de ses réponses, qu'il appartient à l'utilisateur de vérifier, notamment par des questions complémentaires. ChatGPT peut justifier ces réponses en citant leurs textes sources si on le lui demande.

3.4 Création d'argumentaires

3.4.1 Textes promotionnels

3.4.1.1 *Rédige un texte promotionnel pour des vacances en Corse*

Bienvenue en Corse, l'île de beauté! Si vous cherchez des vacances inoubliables, vous ne pouvez pas trouver mieux que la Corse. Avec son paysage incroyable, son histoire fascinante, sa culture unique et sa cuisine délicieuse, la Corse a tout ce dont vous avez besoin pour des vacances parfaites.

La Corse est une île aux multiples facettes. Les amoureux de la nature seront enchantés par les montagnes imposantes, les forêts luxuriantes et les plages de sable fin. Les passionnés d'histoire et de culture pourront explorer les villes pittoresques et les sites archéologiques fascinants. Les gourmets seront ravis de goûter aux spécialités locales, comme le brocciu, le lonzu, le figatellu, le vin corse, le fiadone et bien d'autres encore.

Pour des vacances inoubliables en Corse, nous vous recommandons de séjourner dans l'un de nos hôtels de charme. Nous avons soigneusement sélectionné des hébergements confortables, élégants et bien équipés pour répondre à tous vos besoins. Que vous cherchiez un hôtel familial, un hôtel de luxe ou un hôtel romantique, nous avons tout ce qu'il vous faut.

Nous proposons également une large gamme d'activités pour tous les goûts et tous les âges. Vous pourrez pratiquer des sports nautiques, des randonnées en montagne, des visites de vignobles et des excursions culturelles. Vous pourrez également vous détendre sur les plages de sable fin, profiter des spas et des centres de bien-être, ou tout simplement vous promener dans les rues des villes et des villages pour découvrir les trésors cachés de la Corse.

Ne manquez pas cette occasion unique de découvrir la Corse, l'île de beauté. Réservez dès maintenant vos vacances avec nous et préparez-vous à vivre une expérience inoubliable!

Ce texte me paraît aussi convaincant que celui d'un agent de voyages. J'ai vérifié sur Internet l'existence des spécialités mentionnées, de sites archéologiques, de vins corses, etc.

3.4.1.2 Je suis un vendeur de 4 types voitures, selon leur source d'énergie : 100% électrique, hybride, hybride rechargeable, essence. Pour chacun des 3 profils de client suivants citer les arguments de vente de chaque type de voiture selon son prix de revient annuel. Le Petit rouleur parcourt moins de 10000 km par an, le Moyen rouleur parcourt entre 10000 et 25000 km par an et le Grand rouleur parcourt plus de 25000 km par an.

Bien sûr, je vais vous donner des arguments de vente pour chaque type de voiture en fonction du profil du conducteur :

1. Le Petit rouleur (moins de 10 000 km par an) :
   - Voiture 100% électrique : C'est l'option la plus écologique, avec zéro émission de CO_2 lors de l'utilisation. Vous économisez sur les coûts de carburant, car l'électricité est souvent moins chère que l'essence. De plus, l'entretien est généralement moins coûteux, car les voitures électriques ont moins de pièces mobiles.
   - Voiture hybride : Elle offre une grande économie de carburant par rapport à une voiture à essence, surtout en ville. Elle n'a pas besoin d'être branchée et utilise l'énergie du freinage pour charger la batterie.
   - Voiture hybride rechargeable : Elle peut rouler en mode 100% électrique sur de courtes distances, ce qui est suffisant pour les petits trajets quotidiens. Vous pouvez également profiter des avantages d'une voiture hybride lors de longs trajets.
   - Voiture à essence : Si vous roulez rarement et principalement sur de courtes distances, une voiture à essence pourrait être une option rentable, car le coût initial est généralement plus faible que celui des voitures électriques ou hybrides.

2. Le Moyen rouleur (entre 10 000 et 25 000 km par an) :
   - Voiture 100% électrique : Si vous avez accès à un point de recharge à domicile ou au travail, une voiture électrique peut être une excellente option. Vous économiserez sur les coûts de carburant et bénéficierez de frais d'entretien réduits.
   - Voiture hybride : Elle combine le meilleur des moteurs à essence et électrique. Vous bénéficiez d'une économie de carburant en ville et sur autoroute.

- **Voiture hybride rechargeable** : Elle offre plus de flexibilité, car elle peut rouler en mode électrique sur de courtes distances et utiliser le moteur à essence pour les longs trajets. Vous économiserez sur les coûts de carburant et de recharge.
- **Voiture à essence** : Elle peut encore être une option viable si la plupart de vos trajets sont sur autoroute, où les voitures à essence sont généralement plus efficaces que dans les embouteillages en ville.

3. Le Grand rouleur (plus de 25 000 km par an) :
   - **Voiture 100% électrique** : Elle pourrait ne pas être la meilleure option en raison de la limite de la portée et du temps nécessaire pour recharger. Cependant, si la majorité de vos trajets sont urbains et que vous avez accès à des points de recharge rapides, cela pourrait encore être une option viable.
   - **Voiture hybride** : Elle serait un bon choix, car elle offre une bonne économie de carburant en ville et sur autoroute. Vous n'avez pas à vous soucier de la recharge.
   - **Voiture hybride rechargeable** : Elle offre une excellente polyvalence. Elle peut rouler en mode électrique en ville et basculer sur le moteur à essence pour les longs trajets. C'est une excellente option pour les longs trajets et les voyages en ville.
   - **Voiture à essence** : Pour un conducteur qui fait beaucoup de kilomètres principalement sur autoroute, une voiture à essence, en particulier un modèle à injection directe ou turbo, pourrait être une option intéressante. Les voitures à essence ont généralement une plus grande autonomie que les voitures électriques, ce qui signifie moins de temps passé à faire le plein ou à recharger. De plus, le coût initial d'une voiture à essence est généralement plus bas que celui d'une voiture électrique ou hybride.

Il est important de noter que ces suggestions sont basées sur des généralisations et que le meilleur choix dépend de nombreux facteurs, y compris les habitudes de conduite individuelles, le lieu de résidence, l'accès à des infrastructures de recharge pour les véhicules électriques, et plus encore. Il est toujours préférable de parler à un expert ou de faire des recherches approfondies avant de prendre une décision.

3.4.2 Discours politiques

Voici trois discours écrits à la demande par ChatGPT-4, constituant des argumentaires politiques sur le problème du report de l'âge légal de départ à la retraite en France. En illustrant l'approche « thèse, antithèse, synthèse » ils montrent qu'on peut faire dire ce qu'on veut à ChatGPT-4, dans la mesure où il trouve dans sa base de données des textes ayant l'orientation demandée.

3.4.2.1 *Discours du Président de la République française présentant un argumentaire complet en faveur du report de l'âge légal de départ à la retraite de 62 à 65 ans : arguments de l'évolution démographique, de l'âge légal adopté par les autres pays de l'UE, du besoin économique de travailler plus pour le niveau de vie et la compétitivité internationale, etc.*

Mesdames, Messieurs, *(Françaises, Français,)*

Je vous adresse ce discours aujourd'hui pour parler d'un sujet *(Je voudrais aborder aujourd'hui un sujet)* qui nous concerne tous : notre système de retraite et son évolution nécessaire pour répondre aux défis démographiques, économiques et sociaux qui se présentent à nous.

Nous sommes actuellement confrontés à une évolution démographique majeure. La France, comme beaucoup d'autres pays, voit sa population vieillir. Nous vivons plus longtemps, ce qui est une excellente nouvelle, mais cela signifie aussi que nous passons plus de temps à la retraite. En 1960, le rapport entre le nombre de retraités et le nombre d'actifs était d'environ un pour quatre. Aujourd'hui, ce rapport est d'environ un pour deux. Si nous ne faisons rien, notre système de retraite, financé par les cotisations des actifs, sera mis en péril.

Regardons autour de nous. Nos voisins européens ont déjà pris des mesures pour faire face à ce défi. En Allemagne, en Espagne, en Italie, l'âge légal de départ à la retraite est déjà de 67 ans. Au Royaume-Uni, il est de 66 ans. Notre âge légal actuel de 62 ans est donc bien en-dessous de la moyenne européenne. Si nous voulons garantir l'équité entre les générations et la pérennité de notre système, nous devons aligner notre âge de départ à la retraite sur celui de nos voisins.

Du point de vue économique, travailler plus longtemps est également une nécessité. Dans un monde de plus en plus compétitif, nous avons besoin de toutes nos forces vives pour maintenir notre niveau de vie et notre compétitivité internationale. Prolonger notre vie active de quelques années peut nous permettre de maintenir notre croissance économique, d'investir dans l'avenir et de faire face aux défis du 21ème siècle.

Enfin, je tiens à souligner que travailler plus longtemps ne signifie pas forcément travailler plus dur. Nous devons prendre en compte la pénibilité du travail et garantir que ceux qui ont commencé à travailler tôt ou qui ont des métiers difficiles puissent partir à la retraite dans des conditions dignes.

Je suis conscient que cette proposition peut susciter des inquiétudes. Mais je tiens à vous assurer que notre objectif n'est pas de vous faire travailler plus pour gagner moins, mais de garantir la pérennité de notre système de retraite pour les générations futures.

Je vous remercie pour votre attention et je suis prêt à entendre vos réactions et vos propositions pour rendre ce passage nécessaire le plus équitable possible.

Merci. *(Vive la République. Vive la France !)*

3.4.2.2 Discours du secrétaire général de la CGT opposé à tout report de l'âge légal de départ à la retraite, avec les arguments suivants : existence d'une forte majorité de français opposés à tout report, droit des travailleurs au repos, injustice faite à ceux qui ont commencé à travailler avant 20 ans ou ont des métiers pénibles, et existence d'une autre solution pour financer les retraites, taxer davantage les riches.

Mesdames, Messieurs, *(supprimer cette ligne)*

Je m'adresse à vous aujourd'hui en tant que Président de la Confédération Générale du Travail pour *(Je voudrais)* exprimer notre opposition catégorique à toute proposition de report de l'âge légal de départ à la retraite.

Nous sommes bien conscients des défis démographiques auxquels notre pays est confronté, mais n'oublions pas que le droit au repos est un droit fondamental des travailleurs. Après des années de dur labeur, nos travailleurs méritent de profiter d'une retraite bien méritée.

Il ne faut pas oublier que de nombreux Français sont opposés à tout report de l'âge de départ à la retraite. Selon les dernières enquêtes, une forte majorité de nos concitoyens ne soutient pas cette mesure. Il est important que nous écoutions leurs voix et que nous respections leur volonté.

Un argument souvent avancé en faveur du report de l'âge de la retraite est l'alignement avec d'autres pays européens. Mais je vous rappelle que chaque pays a sa propre histoire et ses propres spécificités. En France, de nombreuses personnes commencent à travailler très tôt, parfois avant l'âge de 20 ans. Pour ces personnes, repousser l'âge de la retraite serait une injustice. De même, pour ceux qui ont des métiers pénibles, il serait inacceptable de les forcer à travailler plus longtemps.

Par ailleurs, il existe d'autres solutions pour financer notre système de retraites. Au lieu de demander aux travailleurs de faire des sacrifices supplémentaires, nous devrions plutôt envisager de taxer davantage les plus riches. Il est temps de rétablir une plus grande justice fiscale. Les plus fortunés d'entre nous peuvent et doivent contribuer davantage à la solidarité nationale.

C'est pourquoi, au nom de la CGT, je vous invite à vous opposer à toute proposition de report de l'âge de départ à la retraite et à soutenir une réforme fiscale plus juste et plus équitable.

Je vous remercie pour votre attention. Ensemble, nous pouvons défendre les droits de nos travailleurs et garantir la pérennité de notre système de retraites.

Merci. *(remplacer par « Nous ne lâcherons rien ! »)*

3.4.2.3 Editorial d'un sociologue politiquement neutre qui compare les deux points de vue précédents et propose une solution concernant l'âge légal de départ à la retraite.

Chers lecteurs, *(supprimer cette ligne)*

Le débat sur l'âge de la retraite est un sujet clivant qui divise profondément notre société. D'une part, le Président de la République propose de repousser l'âge légal de départ à la retraite de 62 à 65 ans, en se basant sur des arguments démographiques, économiques et comparatifs avec les pays voisins. D'autre part, le président de la CGT s'oppose fermement à cette idée, en invoquant l'opposition de la majorité des Français, le droit au repos des travailleurs et la possibilité de financer les retraites par une taxation plus lourde des plus riches.

Il est indéniable que la question du financement des retraites est un défi majeur pour notre société. Avec le vieillissement de la population, le système actuel de retraite par répartition se trouve sous pression. Cependant, la solution de repousser l'âge de la retraite, même si elle est adoptée par d'autres pays, n'est pas nécessairement la plus adaptée à la situation française.

Les travailleurs qui ont commencé à travailler tôt, ou ceux qui occupent des emplois pénibles, seraient injustement pénalisés par une telle mesure. De plus, malgré la compétitivité économique, nous devons aussi prendre en compte le bien-être et la santé de nos travailleurs âgés. Le travail prolongé peut avoir des impacts négatifs sur la santé, ce qui pourrait paradoxalement augmenter les coûts pour la société.

D'un autre côté, la proposition de la CGT de taxer davantage les riches pour financer les retraites présente aussi des limites. Si une plus grande justice fiscale est souhaitable, il faut aussi considérer les effets potentiels sur l'investissement et l'emploi. Une taxation excessive peut dissuader l'investissement et l'innovation, ce qui pourrait à long terme nuire à la croissance économique.

Il semble donc que la meilleure solution serait une approche équilibrée et nuancée. Pourquoi ne pas envisager une flexibilité accrue de l'âge de la retraite, en tenant compte de la pénibilité du travail et de l'âge de début de carrière ? Ceux qui ont commencé à travailler tôt ou qui ont des métiers pénibles pourraient partir plus tôt, tandis que ceux qui le souhaitent et sont en bonne santé pourraient travailler plus longtemps.

Enfin, une réforme fiscale pourrait être envisagée, non pas pour taxer excessivement les riches, mais pour éliminer les niches fiscales et assurer une contribution équitable de tous à notre système de solidarité. Une telle approche, basée sur la flexibilité et l'équité, pourrait nous permettre de relever le défi du financement des retraites tout en respectant les droits et les attentes de tous les travailleurs.

La retraite est un sujet complexe qui nécessite un débat approfondi et une prise de décision éclairée. Espérons que nos dirigeants sauront faire preuve de sagesse et de vision pour trouver la meilleure voie à suivre.

3.4.3 Textes personnels pour convaincre

3.4.3.1 Une veuve qui veut se remarier cherche un menu qu'elle pourrait cuisiner pour impressionner l'homme qu'elle a invité. Donner une idée de menu lui permettant de montrer ses talents de cuisinière.

Bien sûr, je serais ravi de vous aider à préparer un menu sophistiqué et délicieux pour impressionner votre invité. Voici une proposition :

- Entrée : Carpaccio de Saint-Jacques à la truffe

    Ce plat est délicat et raffiné. Les Saint-Jacques sont douces et tendres, tandis que la truffe apporte une touche de luxe et de sophistication.

- Plat principal : Filet de bœuf en croûte d'herbes, purée de pommes de terre à l'ail rôti et légumes de saison rôtis

    Le filet de bœuf est un plat classique qui impressionne toujours. La croûte d'herbes ajoute une belle couleur et une saveur supplémentaire. La purée de pommes de terre à l'ail rôti est crémeuse et savoureuse, tandis que les légumes de saison apportent une touche de fraîcheur.

- Fromage : Plateau de fromages locaux

    Un plateau de fromages locaux bien choisis montrera votre connaissance des produits de votre région et complétera parfaitement le repas.

- Dessert : Tarte Tatin revisitée avec une boule de glace à la vanille

    La tarte Tatin est un dessert français classique. Sa présentation revisitée surprendra votre invité, et la glace à la vanille apportera une touche de douceur.

- Café et mignardises

Pour finir le repas sur une note sucrée, proposez un café accompagné de petites mignardises, comme des macarons ou des truffes au chocolat.

Avec ce menu, vous démontrerez non seulement vos talents de cuisinière, mais aussi votre goût pour les plats élégants et raffinés. Bonne chance pour votre dîner !

3.4.3.2 Rédige un tweet qui proteste furieusement contre la malbouffe à la cantine

"🍔 🍟 🚫 Assez des aliments transformés et des repas insipides à la cantine! Exigeons une #AlimentationSaine pour nos enfants! 🗣️ 🍎 Des repas équilibrés, des ingrédients frais, c'est un droit, pas un privilège. Levons-nous pour la #SantéDeNosEnfants! 💪 🍽️ #NonALaMalbouffe"

3.4.3.3 Rédige un mail d'une femme à son amant annonçant qu'elle le quitte parce qu'elle a trouvé un homme plus jeune et plus riche, et lui demandant de passer à l'appartement prendre ses affaires

Objet : Fin de notre relation - récupération de vos affaires

Cher [Nom de l'amant],

J'espère que ce message vous trouvera en bonne santé. Je suis consciente que les mots qui suivent pourraient vous surprendre, mais je crois fermement qu'il est préférable d'être honnête et directe.

Après une mûre réflexion et beaucoup de considération, j'ai décidé de mettre fin à notre relation. Cette décision n'a pas été facile à prendre, mais elle est nécessaire. J'ai rencontré quelqu'un d'autre qui correspond davantage à mes attentes et à l'étape de vie dans laquelle je me trouve actuellement. Il est plus jeune, certes, et plus riche, mais ce sont surtout ses qualités personnelles qui ont captivé mon attention.

Je ne souhaite pas entrer dans les détails ni alimenter de*(s)* rancœurs inutiles. Nous avons partagé de beaux moments ensemble et je tiens à ce qu'ils restent gravés dans ma mémoire comme tels. Je vous demande simplement de respecter ma décision.

Concernant vos affaires restées chez moi, je vous invite à passer les récupérer à votre convenance. Je vous demanderais *(demande)* simplement de me prévenir à l'avance de votre passage afin que je puisse m'organiser pour ne pas être présente à ce moment-là. Je pense qu'il est préférable pour nous deux d'éviter toute confrontation inutile.

Je vous remercie pour tout ce que nous avons partagé et je vous souhaite sincèrement le meilleur pour l'avenir.

Cordialement,

[Votre nom]

3.5 Conseils pour atteindre un objectif donné

3.5.1 Premiers exemples

3.5.1.1 Rédige une liste de conseils aux particuliers et aux agriculteurs pour économiser l'eau

Voici quelques conseils pour économiser l'eau pour les particuliers et les agriculteurs:

Conseils pour les particuliers :

1. Évitez de laisser couler l'eau pendant que vous vous brossez les dents ou que vous vous rasez. Vous pouvez économiser jusqu'à 15 litres d'eau à chaque fois que vous fermez le robinet.
2. Prenez des douches plus courtes. Réduire la durée de votre douche de seulement 1 minute peut économiser jusqu'à 12 litres d'eau.
3. Évitez d'utiliser les toilettes comme une poubelle. Jeter des mouchoirs en papier, des tampons et des serviettes hygiéniques dans les toilettes peut gaspiller jusqu'à 10 litres d'eau par chasse.
4. Utilisez des appareils ménagers efficaces en matière d'eau. Lave-vaisselle et lave-linge avec une certification "Energy Star" utilisent moins d'eau et d'énergie que les modèles standards.
5. Utilisez un arrosoir pour arroser vos plantes plutôt que d'utiliser un tuyau d'arrosage. Cela permet d'économiser beaucoup d'eau.

Conseils pour les agriculteurs :

1. Utilisez des techniques d'irrigation efficaces. Utilisez des systèmes de goutte-à-goutte et des asperseurs qui permettent une utilisation précise de l'eau, plutôt que des techniques d'irrigation traditionnelles qui peuvent gaspiller beaucoup d'eau.
2. Planifiez la plantation en fonction de la saison. En plantant des cultures qui sont adaptées à la saison et au climat, vous pouvez réduire la quantité d'eau nécessaire pour leur croissance.
3. Utilisez des plantes qui sont adaptées au climat local. Les plantes qui sont adaptées à l'environnement local nécessitent moins d'eau et sont plus résistantes aux conditions météorologiques extrêmes.
4. Utilisez des paillis pour retenir l'humidité dans le sol. Le paillis permet de conserver l'eau dans le sol et de réduire l'évaporation.
5. Vérifiez régulièrement vos équipements d'irrigation pour détecter les fuites. Les fuites d'eau peuvent gaspiller de grandes quantités d'eau, il est donc important de réparer rapidement les fuites dès qu'elles sont détectées.

3.5.1.2 *Rédiger un dialogue dans une librairie entre un étudiant qui cherche un roman facile à résumer en 10 minutes en classe et un libraire qui cherche à lui vendre « A la recherche du temps perdu » de Proust*

Étudiant : Bonjour, je suis à la recherche d'un roman que je pourrais résumer en dix minutes en classe.

Libraire : Ah, bien sûr, j'ai ce qu'il vous faut. Avez-vous entendu parler de "À la recherche du temps perdu" de Marcel Proust?

Étudiant : Marcel Proust ? Euh... Je ne suis pas sûr que ce soit le genre de livre que je peux résumer en dix minutes. Il me semble que c'est un roman assez complexe, non ?

Libraire : Effectivement, c'est un ouvrage dense et complexe, mais c'est ce qui fait son charme. Il s'agit d'une magnifique exploration de la mémoire et du temps. En fait, il pourrait être intéressant de le présenter en classe, non pas dans son intégralité, mais en se concentrant sur certains thèmes ou personnages clés.

Étudiant : Hmm, je vois. Mais je suis toujours un peu sceptique. Vous êtes sûr qu'il n'y a pas un autre livre plus court que je pourrais utiliser ?

Libraire : Bien sûr, je pourrais vous proposer un livre plus court. Cependant, si vous choisissez "À la recherche du temps perdu", même si vous ne pouvez pas le résumer entièrement en dix minutes, vous pourriez certainement impressionner votre professeur en lui montrant que vous êtes capable de synthétiser les idées principales d'un tel ouvrage. C'est une compétence précieuse à acquérir.

Étudiant : C'est une perspective intéressante. Je vais y réfléchir. Merci pour votre conseil.

Libraire : Avec plaisir. Sachez que peu importe le livre que vous choisissez, l'important est de le lire attentivement et de comprendre ses thèmes principaux. Bonne chance pour votre présentation !

3.5.1.3 Idées de contenu pour écrire un roman d'amour

Donne moi des idées de contenu pour écrire un roman d'amour qui se passe au moyen-âge entre une jeune princesse et l'écuyer d'un chevalier à qui la princesse a été promise

Titre : "L'Écuyer et la Princesse"

1. Introduction :
   Nous sommes au cœur du Moyen-Âge, dans un royaume verdoyant et riche. La princesse Éléonore, une jeune femme vive et curieuse, est promise au chevalier Théodoric, un homme de renom mais d'une froideur glaciale.

2. Rencontre et attraction initiale :
   Lors d'un tournoi, la princesse rencontre Tristan, l'écuyer de Théodoric. Tristan est non seulement charmant et plein d'humour, mais il est aussi doux et respectueux, ce qui contraste avec la rigueur de Théodoric.

3. Épanouissement de leur relation :
   Lors de leurs rencontres secrètes, Éléonore et Tristan discutent de leurs rêves, de leurs peurs et partagent leurs passions. Ils apprennent l'un de l'autre et tombent peu à peu amoureux.

4. Découverte de la vérité :
   Théodoric découvre leur amour et les confronte. Tristan est envoyé au front dans une guerre lointaine pour l'éloigner d'Éléonore.

5. Séparation et sacrifice :
   Éléonore est dévastée *(désespérée)* mais décide de faire face à son destin. Elle utilise son influence pour améliorer la condition des gens de son royaume, s'inspirant des discussions qu'elle avait avec Tristan.

6. Retour de l'écuyer :
   Tristan revient de la guerre en héros, ayant sauvé plusieurs de ses compagnons. Il revient changé, plus mature et déterminé à défendre son amour pour Éléonore.

7. Confrontation finale :
   Tristan défie Théodoric en duel pour la main d'Éléonore. Théodoric, reconnaissant le changement en Tristan et réalisant qu'il n'a jamais vraiment aimé Éléonore, accepte de laisser Tristan l'épouser.

8. Conclusion :

Éléonore et Tristan se marient, promettant de régner avec compassion et justice. Ils sont aimés et respectés par le peuple, et leur histoire devient une légende dans le royaume.

Cela pourrait être une belle histoire d'amour, pleine de drames, de sacrifices et de triomphes, avec une forte emphase sur le caractère et la croissance personnelle des personnages principaux.

3.5.2 Importance de la possibilité de reposer la question précédente

Imaginez que vous êtes dans une grande bibliothèque, dans une pièce dont tout un mur de rayonnages est plein de livres de Balzac, l'auteur de la série de romans « La comédie humaine ». Vous êtes là pour trouver la matière pour écrire un article sur « La comédie humaine » et vous ne savez pas combien cette collection comprend d'ouvrages. Vous la demandez à ChatGPT-4.

3.5.2.1 *Combien y a-t-il de titres dans La comédie humaine de Balzac?*

La Comédie Humaine est une collection d'environ 91 œuvres - romans, nouvelles et essais - écrites par Honoré de Balzac pendant la première moitié du XIXe siècle. Les œuvres sont organisées en trois sections principales :

- Études de mœurs (Scenes from Private Life, Scenes from Provincial Life, Scenes from Parisian Life, Scenes from Political Life, Scenes from Military Life, Scenes from Country Life)
- Études philosophiques
- Études analytiques

Ces titres forment ensemble une représentation détaillée de la société et des individus français de l'époque. Il convient de noter que le nombre exact peut varier en fonction de l'édition et de l'inclusion de certains travaux contestés ou inachevés.

ChatGPT-4 a assemblé, pour sa réponse, des titres en français et des titres en anglais, mais peu importe, vous avez la réponse : environ 91 œuvres.

Si vous n'aviez pas posé la question vous n'aviez aucun moyen de savoir, devant le mur de livres, combien il faudrait en chercher qui soient différents.

ChatGPT-4 est dans la même situation que vous devant sa colossale base de données de formation : en répondant à une demande de synthèse sur « La comédie humaine » combien de titres doit-il chercher et prendre en compte ? Le logiciel n'a a priori aucun moyen de le savoir. Sa stratégie est donc d'en trouver « un certain nombre » et de vous en donner la synthèse.

C'est pourquoi ChatGPT-4 affiche le bouton « Regenerate response » à la fin de sa réponse, pour que vous puissiez lui demander de refaire la recherche autant de fois qu'il faut pour faire le tour du sujet. Vous arrêterez quand vous constaterez qu'il ne trouve plus de nouveaux titres ou qu'il en a trouvé assez à votre goût.

Voyons ce que produit ce bouton dans le cas précédent, comme si vous retapiez

« Donne moi des idées de contenu pour écrire un roman d'amour qui se passe au moyen-âge entre une jeune princesse et l'écuyer d'un chevalier à qui la princesse a été promise »

Regenerate response

Titre: "Cœur d'Acier et Robe de Soie"

1. Introduction: Le roman commence avec une description de la vie au château, de la jeune princesse Evelyne, douce et intelligente, et du chevalier à qui elle est promise, Sir Gérard, un homme honorable mais brutal. L'écuyer du chevalier, Thibault, est présenté comme un jeune homme humble et gentil qui rêve d'être un grand chevalier.

2. Développement de la relation: Evelyne et Thibault se rencontrent lors d'une leçon d'équitation. Ils commencent à passer du temps ensemble, Evelyne étant attirée par la douceur de Thibault et sa passion pour les arts et la littérature. Ils se retrouvent souvent en secret pour partager leurs rêves et leurs espoirs.

3. Conflit: Evelyne et Thibault tombent amoureux l'un de l'autre, mais leur amour est interdit car Evelyne est promise à Sir Gérard. Sir Gérard commence à soupçonner la relation entre Evelyne et Thibault, ce qui entraîne de la tension et du danger.

4. Climax: Sir Gérard défie Thibault à un duel pour l'honneur de la princesse. Thibault, bien qu'il ne soit qu'un écuyer, accepte le défi, prêt à risquer sa vie pour son amour.

5. Résolution: Thibault gagne le duel contre toute attente, montrant son courage et sa détermination. Impressionné, le roi donne sa bénédiction à leur amour et Thibault est promu chevalier. Le roman se termine avec le mariage de Evelyne et Thibault, une célébration de leur amour indomptable.

Sous-thèmes à explorer:

- La différence de statut social et les obstacles qu'elle impose.
- Les rôles de genre traditionnels et comment ils sont remis en question par les protagonistes.
- Le contraste entre l'amour et le devoir.
- La valeur de l'honneur et du courage.
- La croissance personnelle et l'évolution des personnages face à l'adversité.

Conclusion importante : pensez à demandez des réponses supplémentaires chaque fois que vous avez besoin de faire le tour d'un sujet.

Ainsi, voici ce que donne « Regenerate response » pour la question précédente « Rédige une liste de conseils aux particuliers et aux agriculteurs pour économiser l'eau » :

Regenerate response

Bien sûr, voici quelques conseils pour économiser l'eau à la maison et dans l'agriculture :

Pour les particuliers :

1. Réparez les fuites rapidement : Les robinets qui gouttent et les toilettes qui fuient peuvent gaspiller une grande quantité d'eau au fil du temps.

2. Installez des appareils économes en eau : Cela comprend les pommes de douche à faible débit, les toilettes à faible débit, les lave-linge et les lave-vaisselle efficaces.

3. Récupérez l'eau de pluie : Utilisez des barils ou des citernes pour récupérer l'eau de pluie à utiliser pour l'arrosage du jardin.

4. N'arrosez pas en plein soleil : L'eau s'évaporera rapidement. Il est préférable d'arroser tôt le matin ou tard le soir.

5. Utilisez des plantes indigènes ou résistantes à la sécheresse : Ces plantes nécessitent moins d'eau que les plantes non indigènes.

6. Réduisez la fréquence des douches : Une douche rapide peut économiser beaucoup plus d'eau qu'un bain complet.

Pour les agriculteurs :

1. Adoptez des systèmes d'irrigation efficaces : Les systèmes d'irrigation goutte à goutte ou à pivot central peuvent être plus efficaces que les méthodes traditionnelles d'inondation ou de pulvérisation.

2. Pratiquez l'agriculture de conservation : Les méthodes comme le paillage, la rotation des cultures et le non-labour peuvent aider à retenir l'humidité du sol.

3. Utilisez des capteurs d'humidité du sol : Ces appareils peuvent vous aider à comprendre quand vos plantes ont réellement besoin d'être arrosées, réduisant ainsi le gaspillage.

4. Cultivez des cultures résistantes à la sécheresse : Certaines cultures sont plus tolérantes à la sécheresse que d'autres et nécessitent donc moins d'eau.

5. Mettez en place un système de récupération de l'eau de pluie : L'eau de pluie peut être stockée et utilisée pour l'irrigation pendant les périodes plus sèches.

6. Optimisez l'utilisation de l'eau pour le bétail : Par exemple, recycler l'eau de nettoyage dans les abreuvoirs.

7. Planifiez l'irrigation en fonction des prévisions météorologiques : Il est inutile d'arroser les champs juste avant une pluie prévue.

Il est important de se rappeler que chaque goutte compte lorsque nous cherchons à préserver cette ressource vitale.

3.5.3 Autres exemples

3.5.3.1 J'ai un chat qui n'accepte de manger que les aliments à base de poisson ou de viande. Quelles règles nutritionnelles faut-il respecter dans le choix des aliments pour chat qu'on trouve en grande surface ? Citer des marques de nourritures équilibrées.

Pour assurer une alimentation équilibrée à votre chat, il est important de respecter certaines règles nutritionnelles. Les chats sont des carnivores obligatoires, ce qui signifie qu'ils ont besoin de protéines animales de haute qualité pour répondre à leurs besoins nutritionnels. Voici quelques conseils pour choisir les aliments pour chat en grande surface :

1. Teneur en protéines : Assurez-vous que l'aliment contient des protéines animales de haute qualité, provenant de sources telles que le poulet, la dinde, le bœuf, l'agneau ou le poisson. Les protéines doivent être l'ingrédient principal et représenter au moins 25 à 30 % de l'aliment.

2. Teneur en matières grasses : Les chats ont besoin de graisses pour leur fournir de l'énergie et soutenir la santé de leur peau et de leur pelage. Recherchez un aliment contenant environ 10 à 20 % de matières grasses.

3. Taurine : La taurine est un acide aminé essentiel dont les chats ont besoin pour maintenir une bonne santé cardiaque et visuelle. Assurez-vous que l'aliment contient des niveaux adéquats de taurine.

4. Vitamines et minéraux : Les chats ont besoin de vitamines et de minéraux pour soutenir leur système immunitaire et maintenir une bonne santé globale. Recherchez un aliment contenant un équilibre approprié de vitamines et de minéraux, notamment du calcium, du phosphore, de la vitamine A, de la vitamine D et des oligo-éléments.

5. Évitez les sous-produits et les charges : Les aliments pour chats de haute qualité contiennent peu ou pas de sous-produits (tels que les cornes, les plumes ou les griffes) et de charges (comme les céréales). Les ingrédients de qualité sont plus faciles à digérer et permettent une meilleure absorption des nutriments.

Voici quelques marques de nourriture pour chat qui sont généralement considérées comme équilibrées et de bonne qualité:

1. Royal Canin (https://www.royalcanin.com)
2. Hill's Science Diet (https://www.hillspet.com)
3. Iams (https://www.iams.com)
4. Purina Pro Plan (https://www.purina.com/pro-plan)

Il est toujours recommandé de consulter votre vétérinaire pour obtenir des conseils sur l'alimentation de votre chat en fonction de ses besoins spécifiques.

3.5.3.2 *Citer des livres sur le dressage des chats*

Bien que le dressage des chats ne soit pas aussi courant que celui des chiens, il existe des livres qui abordent le sujet. Voici quelques ouvrages sur le dressage des chats et leur comportement :

1. "L'éducation du chat" de Joël Dehasse : Ce livre explique comment éduquer un chat de manière positive et adaptée à ses instincts naturels. Il aborde des sujets tels que la propreté, les problèmes de comportement, la communication avec votre chat, et les astuces pour lui apprendre à obéir.

2. "Le langage des chats" de Susanne Schötz : Ce livre explore la communication entre les chats et les humains, et propose des conseils pour mieux comprendre et interagir avec votre chat.

3. "Comment élever un chat heureux" de Pam Johnson-Bennett : L'auteur, une spécialiste du comportement des chats, offre des conseils pratiques pour créer un environnement équilibré et stimulant pour votre chat, tout en abordant les problèmes de comportement et les techniques de dressage.

4. "Clicker Training for Cats" de Karen Pryor (disponible en anglais) : Ce livre introduit le concept de clicker training, une méthode de dressage basée sur le renforcement positif, adaptée aux chats. Il offre des conseils pour apprendre à votre chat des comportements souhaitables et des tours amusants.

5. "Le chat : Comprendre, éduquer, aimer" de Gérard Angel et Brigitte Bulard-Cordeau : Ce livre propose des conseils pour comprendre les besoins de votre chat, éduquer son comportement et créer une relation harmonieuse.

Ces ouvrages vous donneront des conseils et des techniques pour éduquer votre chat de manière positive et adaptée à ses besoins spécifiques. Gardez à l'esprit que chaque chat est unique, et il est important d'être patient et attentif lors du dressage.

Regenerate response

Dresser un chat est une tâche délicate car contrairement aux chiens, les chats sont des animaux très indépendants. Cependant, il est tout à fait possible d'éduquer un chat pour qu'il adopte un comportement adapté à la vie en maison et pour qu'il comprenne certaines règles de base. Voici quelques livres en français qui peuvent vous aider :

1. "Eduquer son chat : Apprendre à bien vivre ensemble" de Sarah Eléonore. Ce livre propose des techniques douces et respectueuses pour éduquer votre chat, qu'il s'agisse d'un chaton ou d'un chat adulte.
2. "Comment élever son chaton" de Monika Wegler. Cette référence vous guide à travers les premiers mois de la vie de votre chaton, vous aidant à lui enseigner les bonnes manières dès le début.
3. "Eduquer son chat : Choisir, comprendre, l'éduquer" de Nathalie Simon. Ce livre offre des conseils pratiques sur la manière de comprendre votre chat et de l'éduquer de manière positive.
4. "Le chat: comprendre, éduquer et soigner son chat" de Brigitte Bulard-Cordeau. Cette ouvrage vous aidera à mieux comprendre votre chat, à établir une bonne communication avec lui et à lui enseigner les comportements appropriés.
5. "Le langage des chats et autres histoires félins" de Susanne Schötz. Bien que ce ne soit pas un livre d'éducation à proprement parler, il offre une compréhension approfondie du langage et du comportement des chats, ce qui peut être utile pour l'éducation.

Rappelez-vous que chaque chat est unique et que ce qui fonctionne pour l'un peut ne pas fonctionner pour l'autre. L'éducation des chats doit toujours être basée sur le respect et la compréhension de leurs besoins et de leur comportement naturel.

La question étant difficile car le dressage des chats est rarement demandé et la langue de réponse attendue implicitement est le français, ChatGPT a considéré que « dresser » et « éduquer » étaient proches.

Cet exemple illustre la possibilité d'obtenir une réponse supplémentaire (ici davantage de références) avec la demande « Regenerate response » que ChatGPT offre parfois spontanément à l'aide d'un bouton situé sous sa réponse.

ChatGPT n'a pas cité « Dresser son chat: Guide pratique pour un dressage réussi » paru le 20 février 2023, car sa base de données a été créée en 2021.

3.5.3.3 Citer des livres disponibles en français qui argumentent contre la dictature, le totalitarisme et le communisme, en particulier ceux de Hayek et de Arendt. Pour chacun, citer ses principaux arguments, le nom de l'auteur et la date de sa publication

1. "La Route de la servitude" par Friedrich Hayek (1944)
   Hayek est un économiste et philosophe politique, et son livre "La Route de la servitude" est une critique acerbe du socialisme et du totalitarisme. Il soutient que

toute forme de planification économique centralisée mène inévitablement à la tyrannie et à la servitude. Pour Hayek, la liberté individuelle ne peut être préservée que dans une économie de marché où les décisions sont prises par des individus et non par un gouvernement central.

2. "Les Origines du totalitarisme" par Hannah Arendt (1951)
   Arendt était une philosophe politique qui a étudié en profondeur les régimes totalitaires. Dans "Les Origines du totalitarisme", elle analyse les racines du nazisme et du stalinisme et démontre comment ces régimes ont émergé à partir de la décomposition des structures politiques et sociales traditionnelles. Arendt soutient que le totalitarisme repose sur l'atomisation de la société, la déshumanisation des individus et la manipulation de la vérité.

3. "L'Archipel du Goulag" par Alexandre Soljenitsyne (1973)
   "L'Archipel du Goulag" est une œuvre majeure dénonçant le système des camps de travail forcé en Union soviétique. Soljenitsyne, lui-même ancien prisonnier, offre un témoignage détaillé de la brutalité et de l'inhumanité du régime communiste. Le livre a eu un impact majeur en Occident, contribuant à changer les perceptions du communisme.

4. "1984" par George Orwell (1949)
   Bien que ce soit un roman, "1984" est une critique puissante des régimes totalitaires. Orwell imagine un futur dystopique où le "Big Brother" gouverne avec une main de fer, contrôlant chaque aspect de la vie des individus, y compris leurs pensées. Le livre est une mise en garde contre les dangers du totalitarisme et de la surveillance de masse.

Ces livres offrent une réflexion profonde sur les dangers du totalitarisme et du communisme, et ils restent pertinents pour comprendre les enjeux politiques d'aujourd'hui.

Est-il vrai que Friedrich Hayek a eu un prix Nobel ? Si oui, à quelle date et pour quelle œuvre ?
Oui, c'est exact. Friedrich Hayek a reçu le prix de la Banque de Suède en sciences économiques en mémoire d'Alfred Nobel en 1974. C'est souvent considéré comme le "Prix Nobel d'Économie", même s'il n'était pas l'un des prix originaux instaurés par le testament d'Alfred Nobel.

Hayek a partagé le prix cette année-là avec Gunnar Myrdal. Les travaux de Hayek qui ont conduit à ce prix concernaient principalement la théorie monétaire et les fluctuations économiques, ainsi que l'analyse de l'interdépendance des phénomènes économiques, sociaux et institutionnels.

Ses œuvres les plus célèbres dans ces domaines incluent "Prices and Production" (1931) et "The Road to Serfdom" (1944), bien que ce dernier livre soit plus une critique du socialisme et une défense du libéralisme classique qu'un travail strictement économique.

3.5.3.4 *Rappelle-moi les règles de l'accord du participe passé*
L'accord du participe passé en français dépend de plusieurs facteurs, y compris le temps verbal utilisé, la présence d'un auxiliaire, et l'objet direct. Voici quelques règles générales :

1. Avec l'auxiliaire "avoir" :
   - Le participe passé ne s'accorde pas avec le sujet. Exemple : "Elles ont mangé des pommes."
   - Cependant, si l'objet direct précède le participe passé, celui-ci s'accorde en genre et en nombre avec cet objet. Exemple : "Les pommes que j'ai mangées étaient délicieuses."
2. Avec l'auxiliaire "être" :
   - Le participe passé s'accorde toujours en genre et en nombre avec le sujet. Exemple : "Elle est partie tôt." ou "Ils sont venus à la fête."
3. Les verbes pronominaux :
   - Avec les verbes pronominaux (ceux qui sont précédés d'un pronom réfléchi comme se, te, me, nous, vous), le participe passé s'accorde généralement avec le sujet. Exemple : "Elles se sont lavées."
   - Cependant, si le verbe pronominal est suivi d'un objet direct, le participe passé ne s'accorde pas. Exemple : "Elle s'est lavé les mains."
   - Attention, certains verbes pronominaux sont intransitifs (c'est-à-dire qu'ils ne peuvent pas avoir d'objet direct). Pour ces verbes, le participe passé s'accorde toujours avec le sujet. Exemple : "Ils se sont souvenus."

Il y a beaucoup d'autres subtilités et exceptions concernant l'accord du participe passé en français, donc ces règles générales ne couvrent pas toutes les situations. Il est recommandé de consulter une grammaire détaillée pour une explication plus complète.

3.5.4 Retrouver des noms de personnes ou de choses dont on ne se souvient que d'un détail

3.5.4.1 Citer le nom d'une ville de Provence où Picasso a vécu

Picasso a vécu dans plusieurs villes de Provence, mais l'une des plus célèbres est Antibes. Il a passé du temps dans cette ville en 1946 et a même créé de nombreuses œuvres d'art durant son séjour au Château Grimaldi, qui abrite aujourd'hui le Musée Picasso.

3.5.4.2 Quels peintres célèbres ont vécu à Saint Paul de Vence?

Saint-Paul-de-Vence, dans le sud de la France, a été une source d'inspiration pour de nombreux artistes célèbres. Voici quelques peintres qui ont vécu ou passé du temps à Saint-Paul-de-Vence :

1. Marc Chagall : Le peintre russe a vécu à Saint-Paul-de-Vence pendant près de 20 ans jusqu'à sa mort en 1985. Il est enterré dans le cimetière du village.
2. Jacques Raverat : Le peintre post-impressionniste français a vécu à Saint-Paul-de-Vence pendant un certain temps.
3. Yves Montand et sa femme Simone Signoret, bien qu'ils ne soient pas des peintres, étaient des habitués de Saint-Paul-de-Vence, où ils avaient une maison.

Il convient également de mentionner que le village était un lieu de rencontre populaire pour de nombreux autres artistes, écrivains et célébrités, en grande partie grâce à la présence de la Colombe d'Or, un hôtel et restaurant réputé pour sa collection d'art.

3.5.4.3 Citer des paquebots ou des navires de croisière dont le nom commence par la lettre C. Pour chacun donner l'adresse d'une page Web qui le décrit

Voici trois paquebots ou navires de croisière dont le nom commence par la lettre "C", ainsi qu'une adresse Web pour chacun où vous pouvez trouver des informations détaillées:

1. Carnival Cruise Line - Carnival Breeze :
   Site officiel : https://www.carnival.com/cruise-ships/carnival-breeze.aspx

2. Celebrity Cruises - Celebrity Edge :
   Site officiel : https://www.celebritycruises.com/cruise-ships/celebrity-edge

3. Costa Cruises - Costa Smeralda :
   Site officiel : https://www.costacruises.com/fleet/costa-smeralda.html

Veuillez noter que ces liens sont sujets à changement et que les informations peuvent être mises à jour ou modifiées par les propriétaires des sites.

Regenerate response

Voici quelques paquebots et navires de croisière dont le nom commence par la lettre "C":

1. Carnival Dream - un navire de croisière exploité par Carnival Cruise Line.
   Description sur le site de Carnival

2. Celebrity Solstice - un navire de croisière exploité par Celebrity Cruises.
   Description sur le site de Celebrity Cruises

3. Costa Smeralda - un navire de croisière exploité par Costa Croisières.
   Description sur le site de Costa Croisières

4. Crystal Serenity - un navire de croisière exploité par Crystal Cruises.
   Description sur le site de Crystal Cruises

Veuillez noter que les adresses des sites web peuvent changer avec le temps, en fonction de la stratégie en ligne de chaque entreprise de croisière. Les liens fournis étaient valides au moment de la rédaction de cette réponse.

Quand on pose cette même question à Bing, voilà sa réponse :

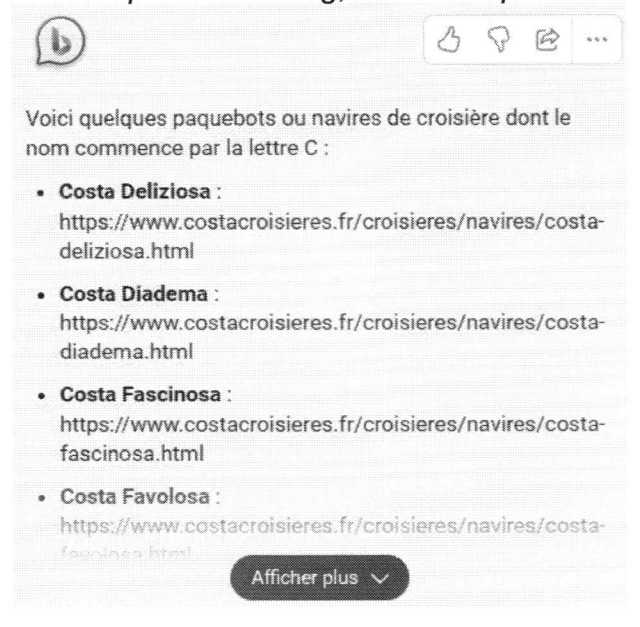

Voici quelques paquebots ou navires de croisière dont le nom commence par la lettre C :

- **Costa Deliziosa** :
  https://www.costacroisieres.fr/croisieres/navires/costa-deliziosa.html

- **Costa Diadema** :
  https://www.costacroisieres.fr/croisieres/navires/costa-diadema.html

- **Costa Fascinosa** :
  https://www.costacroisieres.fr/croisieres/navires/costa-fascinosa.html

- **Costa Favolosa** :
  https://www.costacroisieres.fr/croisieres/navires/costa-favolosa.html

Afficher plus

Et après appui sur le bouton Afficher plus :

Voici quelques paquebots ou navires de croisière dont le nom commence par la lettre C :

- **Costa Deliziosa** : https://www.costacroisieres.fr/croisieres/navires/costa-deliziosa.html
- **Costa Diadema** : https://www.costacroisieres.fr/croisieres/navires/costa-diadema.html
- **Costa Fascinosa** : https://www.costacroisieres.fr/croisieres/navires/costa-fascinosa.html
- **Costa Favolosa** : https://www.costacroisieres.fr/croisieres/navires/costa-favolosa.html
- **Costa Firenze** : https://www.costacroisieres.fr/croisieres/navires/costa-firenze.html
- **Costa Fortuna** : https://www.costacroisieres.fr/croisieres/navires/costa-fortuna.html
- **Costa Pacifica** : https://www.costacroisieres.fr/croisieres/navires/costa-pacifica.html
- **Costa Serena** : https://www.costacroisieres.fr/croisieres/navires/costa-serena.html
- **Costa Smeralda** : https://www.costacroisieres.fr/croisieres/navires/costa-smeralda.html
- **Costa Toscana** : https://www.costacroisieres.fr/croisieres/navires/costa-toscana.html

J'espère que cela vous aide. N'hésitez pas à me poser d'autres questions si vous en avez besoin.

En savoir plus :

1. fr.wikipedia.org 2. starcroisieres.com 3. fr.wikipedia.org

(?) Quels sont les autres navires de croisière?

Quelle est la compagnie de croisière la plus populaire?

Quels sont les ports de départ populaires pour les croisières?

Discutons

Enfin, voici la réponse de Google :

Environ 8 résultats (0,46 secondes)

Wikipedia
https://fr.wikipedia.org › wiki › Liste_de_paquebots

Liste de paquebots
Un **paquebot** est un **navire** conçu **pour** le transport d'un plus ou moins grand nombre de passagers sur de grandes distances. On distingue plusieurs types de ...
Termes manquants : ~~Citer lettre chacun donner adresse Web décrit~~

https://fr.wikipedia.org › wiki › Liste_des_types_de_b...

Liste des types de bateaux
Cette **page** liste des types de bateaux avec un classement par ordre alphabétique. ... Les **navires** individuels sont classés dans la catégorie **Nom** de bateau.

Croisierenet.com
https://www.croisierenet.com › blog-voyage › quels-s...

Quels sont les différents types de bateaux en croisière
Les **paquebots** se distinguent par l'empilement de ponts sur plusieurs étages où l'on trouve de nombreuses cabines et des services/activités **pour** les passagers.
Termes manquants : ~~lettre donner adresse page décrit~~

Voyages d'exception
https://www.voyages-exception.fr › actualites › 1493-...

Equipage d'un bateau : qui est qui sur un navire ?
Alors **qui** fait quoi sur un **navire**. Découvrez comment s'organise l'équipage d'un bateau et comment repérer **chacun** des membres si besoin.
Termes manquants : ~~lettre donner décrit~~

Questions associées

Quel est le nom du bateau sur lequel eut lieu la première croisière en 1891 ?

Quelle est le nom du paquebot ?

Quel nom de bateau désigne en argot l'examen qu'on passe en fin de terminale ?

Quels sont les différents types de paquebot ?

Commentaires

3.5.5 Conseils de jardinage

J'habite en région parisienne et j'aime manger des kiwis. J'ai besoin de savoir s'il existe une variété de kiwis que je peux faire pousser dans mon jardin.

3.5.5.1 Y a-t-il des variétés de kiwis qu'on peut faire pousser dans la région parisienne?

Oui, certaines variétés de kiwis peuvent être cultivées dans la région parisienne et dans d'autres régions à climat tempéré. La plante de kiwi (Actinidia deliciosa) est assez résistante et peut supporter des températures hivernales relativement basses. Cependant, elle a besoin d'un sol bien drainé et d'un emplacement ensoleillé pour produire des fruits de qualité.

Une variété particulièrement adaptée aux climats plus frais est l'Actinidia arguta, connu également sous le nom de kiwi de Sibérie ou kiwaï. Cette variété produit des fruits plus petits que le kiwi traditionnel, mais ils sont tout aussi savoureux et ne nécessitent pas d'épluchage. L'Actinidia arguta est résistant aux hivers plus rigoureux et peut donc être une bonne option pour la région parisienne.

En outre, il est important de noter que la plupart des kiwis ont des plantes mâles et femelles séparées, donc si vous voulez que votre plante produise des fruits, vous devrez planter au moins un pied mâle pour plusieurs pieds femelles pour assurer la pollinisation. Certaines variétés comme l'Actinidia chinensis 'Jenny' sont cependant autofertiles, c'est-à-dire qu'un seul pied peut produire des fruits car il porte à la fois des fleurs mâles et femelles.

Enfin, il faut savoir que la culture du kiwi demande de la patience. Il faut en général attendre plusieurs années avant de voir apparaître les premiers fruits.

3.5.5.2 Mon logement est petit. Quelles plantes d'appartement peux-tu me conseiller qui ont moins de 50 cm et n'ont pas besoin d'arrosages fréquents ? Pour chaque plante citer une page web qui la décrit.

Voici quelques plantes qui répondent à vos critères :

1. Zamioculcas zamiifolia (ZZ Plant) : Cette plante est robuste, résistante à la sécheresse et a une hauteur adulte moyenne d'environ 40-50 cm. Elle n'a pas besoin d'être arrosée souvent et peut supporter une faible luminosité. Plus d'informations sur cette plante sont disponibles dans https://www.jardiner-malin.fr/fiche/zamioculcas.html .

2. Sansevieria (Snake Plant) : C'est une plante idéale pour les débutants, car elle nécessite peu d'entretien. Elle préfère la lumière indirecte, mais peut tolérer un éclairage faible. Elle a également une tolérance élevée à la sécheresse, nécessitant un arrosage peu fréquent. Plus d'informations sur cette plante sont disponibles dans https://www.jardiner-malin.fr/fiche/sansevieria.html .

3. Crassula ovata (Jade Plant) : C'est une plante succulente qui peut rester petite si elle est cultivée dans un petit pot. Elle préfère un arrosage peu fréquent, surtout en hiver. Plus d'informations sur cette plante sont disponibles dans https://www.jardiner-malin.fr/fiche/crassula.html .

4. Haworthia : Une autre plante succulente qui est petite et nécessite peu d'arrosage. Elle peut aussi tolérer une lumière faible. Plus d'informations sur cette plante sont disponibles dans

https://www.journaldesfemmes.fr/jardin/encyclopedie-des-plantes/2646853-haworthia/ .

5. Fittonia : Une plante d'intérieur compacte avec un feuillage attrayant. Elle n'aime pas le sol sec, mais n'a pas besoin d'être arrosée aussi fréquemment que d'autres plantes. Plus d'informations sur cette plante sont disponibles dans https://www.gerbeaud.com/jardin/fiches/fittonia,1667.html .

N'oubliez pas que même si ces plantes n'ont pas besoin d'être arrosées fréquemment, elles auront encore besoin d'un certain entretien, comme la fertilisation occasionnelle et la vérification des signes de parasites ou de maladies.

3.6   Recherche de produits ou de technologies

Exemple de problème : un paléologue trouve des fossiles remarquables enterrés dans une gangue argileuse. Il veut pouvoir en réaliser une image 3D à travers la gangue et se demande s'il existe des instruments capables de le faire.

3.6.1.1 Lister les types d'instruments d'imagerie 3D utilisés en médecine, géologie, astronomie, paléontologie, archéologie, zoologie, botanique, photographie, conception de pièces, fabrication. Dans chacun de ces domaines citer des fournisseurs avec leurs adresses Web.

Il existe de nombreux instruments d'imagerie 3D utilisés dans divers domaines. Voici une liste non exhaustive de ces instruments, avec des fournisseurs et leurs adresses Web:

- Médecine:
  - Imagerie par résonance magnétique (IRM)
  - Tomodensitométrie (TDM ou scanner)
  - Échographie 3D

  Fournisseur: GE Healthcare (https://www.gehealthcare.com)

- Géologie:
  - LiDAR (Light Detection and Ranging)
  - Photogrammétrie

  Fournisseur: Leica Geosystems (https://leica-geosystems.com)

- Astronomie:
  - Télescopes optiques
  - Radiotélescopes

  Fournisseur: Celestron (https://www.celestron.com)

A ma connaissance ces instruments ne donnent pas d'images 3D

- Paléontologie et Archéologie:
  - Microtomographie à rayons X
  - Photogrammétrie

  Fournisseur: Bruker (https://www.bruker.com)

- Zoologie et Botanique:
  - Microscopie confocale
  - Microscopie électronique

Fournisseur: Zeiss (https://www.zeiss.com)

On voit qu'il faut donner à GPT le maximum possible de précisions pour obtenir une réponse satisfaisante.

Regenerate response

Il existe de nombreux types d'instruments d'imagerie 3D utilisés dans différents domaines. Voici quelques-uns des principaux types d'instruments ainsi que des fournisseurs dans chaque domaine. Veuillez noter que l'information sur les fournisseurs est susceptible de changer avec le temps, et il est donc recommandé de faire des recherches supplémentaires pour obtenir des informations à jour.

1. Médecine:
- IRM (Imagerie par Résonance Magnétique)
- TDM (Tomodensitométrie)
- Échographie 3D
- Imagerie par fluorescence 3D
- Fournisseurs :
    - GE Healthcare (www.gehealthcare.com)
    - Siemens Healthineers (www.siemens-healthineers.com)
    - Philips (www.philips.com)

2. Géologie:
- Scanners 3D
- LIDAR (Light Detection And Ranging)
- Microtomographie à rayons X
- Fournisseurs :
    - Trimble (www.trimble.com)
    - Leica Geosystems (www.leica-geosystems.com)
    - Faro (www.faro.com)

3. Astronomie:
- Télescopes 3D
- Spectroscopie 3D
- Fournisseurs :
    - Celestron (www.celestron.com)
    - Meade Instruments (www.meade.com)

4. Paléontologie:
- Microtomographie à rayons X
- Scanners 3D
- Fournisseurs :
    - Nikon Metrology (www.nikonmetrology.com)
    - Zeiss (www.zeiss.com)

5. Archéologie:
- Scanners 3D
- LIDAR
- Photogrammétrie
- Fournisseurs :
  - Leica Geosystems (www.leica-geosystems.com)
  - Faro (www.faro.com)

6. Zoologie:
- Microtomographie à rayons X
- Imagerie par fluorescence 3D
- Fournisseurs :
  - Bruker (www.bruker.com)
  - Zeiss (www.zeiss.com)

7. Botanique :
- Microtomographie à rayons X
- Imagerie par fluorescence 3D
- Fournisseurs :
  - Bruker (www.bruker.com)
  - Zeiss (www.zeiss.com)

8. Photographie:
- Appareils photo 3D
- Scanners 3D
- Fournisseurs :
  - Canon (www.canon.com)
  - Nikon (www.nikon.com)

9. Conception de pièces:
- Imprimantes 3D
- Scanners 3D
- Fournisseurs :
  - Stratasys (www.stratasys.com)
  - 3D Systems (www.3dsystems.com)

10. Fabrication:
- Imprimantes 3D
- Scanners 3D
- Systèmes de mesure 3D
- Microscopes 3D

- Fournisseurs :
  - Stratasys (www.stratasys.com)
  - 3D Systems (www.3dsystems.com)
  - Keyence (www.keyence.com)
  - Hexagon Manufacturing Intelligence (www.hexagonmi.com)
  - Zeiss Industrial Quality Solutions (www.zeiss.com/industrial-metrology)

En outre, il est important de noter que les technologies d'imagerie 3D évoluent rapidement. De nouvelles méthodes et technologies sont constamment développées et améliorées. Par conséquent, il est toujours préférable de consulter un expert dans le domaine spécifique pour obtenir des conseils actualisés sur les technologies d'imagerie 3D disponibles.

Au deuxième essai la réponse a été beaucoup plus complète. Il est donc important d'utiliser le bouton « Regenerate response ».

Comme j'ignorais l'existence de télescopes 3D, j'ai demandé des précisions :

Citer les télescopes 3D de chez Celestron et Meade

Les télescopes 3D en tant que tels n'existent pas vraiment dans la terminologie courante de l'astronomie. Cependant, il existe des techniques d'imagerie qui peuvent produire des images tridimensionnelles de l'univers, comme la spectroscopie tridimensionnelle, qui sont utilisées par des observatoires professionnels.

Celestron et Meade sont des fabricants de télescopes bien connus, mais ils produisent principalement des télescopes pour les astronomes amateurs et professionnels qui capturent des images bidimensionnelles de l'espace. Certains de leurs modèles populaires incluent :

Celestron :

- Celestron NexStar (Série)
- Celestron Advanced VX (Série)
- Celestron AstroMaster (Série)

Meade :

- Meade LX200 (Série)
- Meade LX90 (Série)
- Meade LightBridge (Série)

Ces télescopes peuvent être utilisés avec des logiciels d'imagerie astronomique pour créer des images 3D en utilisant des techniques comme la parallaxe ou la spectroscopie. Cependant, cette technologie est généralement utilisée par des astronomes professionnels ou des amateurs très expérimentés.

Décrire la spectroscopie tridimensionnelle et les instruments qui la permettent, ainsi que leurs fournisseurs

La spectroscopie tridimensionnelle (3D) est une technique d'analyse qui permet de caractériser les propriétés d'un échantillon en fonction de trois paramètres spectroscopiques indépendants. En spectroscopie, la dimension se réfère généralement au nombre de paramètres de mesure indépendants qui sont enregistrés. Par exemple, la spectroscopie à une dimension (1D) mesure l'absorption, la diffusion, la fluorescence, etc., en fonction d'une seule variable, généralement la longueur d'onde.

La spectroscopie 3D, par contre, implique la mesure de trois variables indépendantes. Par exemple, en spectroscopie de fluorescence 3D, l'absorption d'énergie (première dimension), l'émission de fluorescence (deuxième dimension) et le temps de déclin de fluorescence (troisième dimension) peuvent être mesurées. Ceci fournit une quantité massive d'informations sur l'échantillon, permettant une caractérisation plus complète et détaillée.

Les instruments qui permettent la spectroscopie 3D sont généralement complexes et de haute précision. Ils peuvent comprendre un spectromètre d'absorption, un spectromètre de fluorescence, un détecteur de temps de déclin de fluorescence, ainsi que les logiciels nécessaires pour contrôler les instruments et analyser les données.

Les fournisseurs de ces instruments sont souvent des entreprises spécialisées dans les technologies d'analyse scientifique et industrielle. Voici quelques-uns des principaux fournisseurs connus jusqu'à mon dernier point de connaissances en septembre 2021:

- Thermo Fisher Scientific: Une entreprise mondiale de services scientifiques qui fabrique des instruments d'analyse, dont des spectromètres.
- Agilent Technologies: Une entreprise qui fabrique une gamme de produits pour l'analyse spectroscopique, y compris des spectromètres de fluorescence et d'autres instruments.
- Bruker Corporation: Une entreprise qui fabrique une variété d'instruments pour l'analyse scientifique, y compris la spectroscopie.
- Horiba: Une entreprise japonaise qui fabrique une gamme d'instruments d'analyse, y compris des spectromètres de fluorescence.

Cependant, veuillez noter que la technologie et les fournisseurs peuvent avoir évolué depuis mon dernier entraînement en septembre 2021. Il est toujours préférable de rechercher les informations les plus récentes et pertinentes.

3.6.1.2 Qu'est-ce qu'une pompe à chaleur? Pour une maison ou un immeuble comparer les avantages et inconvénients d'une pompe à chaleur, d'une chaudière à gaz, d'une chaudière au fioul et d'une chaudière à bois

Une pompe à chaleur est un dispositif qui transfère la chaleur d'une source froide (généralement l'air extérieur, le sol ou l'eau) vers une source chaude (comme l'intérieur d'une maison ou d'un immeuble). Elle utilise un cycle de compression et de détente pour absorber la chaleur à basse température et la libérer à une température plus élevée. Les pompes à chaleur peuvent être utilisées pour le chauffage et la climatisation.

Comparons les avantages et les inconvénients des pompes à chaleur, des chaudières à gaz, des chaudières au fioul et des chaudières à bois :

1. Pompe à chaleur :
- Avantages :

- Efficacité énergétique : les pompes à chaleur sont généralement plus économes en énergie que les autres systèmes de chauffage, car elles transfèrent plutôt qu'elles ne produisent de la chaleur.
- Faibles émissions de CO2 : elles utilisent l'électricité et non des combustibles fossiles, réduisant ainsi les émissions de gaz à effet de serre.
- Polyvalence : elles peuvent être utilisées pour le chauffage et la climatisation.
- Peu d'entretien : les pompes à chaleur nécessitent généralement moins d'entretien que les autres systèmes de chauffage.
- Inconvénients :
  - Coût d'installation élevé : l'installation d'une pompe à chaleur peut être coûteuse, bien que cela puisse être compensé par des économies d'énergie à long terme.
  - Efficacité réduite par temps très froid : les pompes à chaleur air-air sont moins efficaces par temps très froid, car il y a moins de chaleur disponible à transférer.

2. Chaudière à gaz :
- Avantages :
  - Coût d'installation modéré : les chaudières à gaz ont généralement un coût d'installation inférieur à celui des pompes à chaleur.
  - Efficacité énergétique : les chaudières à gaz à condensation sont très efficaces, avec un rendement pouvant dépasser 90 %.

Inconvénients :
  - Emissions de CO2 : les chaudières à gaz émettent du CO2 et contribuent au réchauffement climatique.
  - Coût du gaz : le coût du gaz naturel peut varier et affecter les coûts de fonctionnement.

3. Chaudière au fioul :
- Avantages :
  - Indépendance du réseau de gaz : les chaudières au fioul sont adaptées aux zones non desservies par le réseau de gaz naturel.
- Inconvénients :
  - Emissions de CO2 : les chaudières au fioul émettent plus de CO2 que les chaudières à gaz et les pompes à chaleur.
  - Coût du fioul : le prix du fioul peut varier et affecter les coûts de fonctionnement.
  - Entretien : les chaudières au fioul nécessitent un entretien régulier, notamment le nettoyage et le réglage.

4. Chaudière à bois :
- Avantages :
  - Energie renouvelable : le bois est une source d'énergie renouvelable, ce qui peut réduire les émissions de CO2.
  - Indépendance énergétique : les chaudières à bois permettent de se libérer

continuer la réponse précédente

de la dépendance aux combustibles fossiles et aux fluctuations des prix du gaz et du fioul.

- Inconvénients :
  - Stockage du combustible : le stockage du bois nécessite de l'espace et doit être réalisé dans des conditions appropriées pour éviter l'humidité.
  - Entretien : les chaudières à bois nécessitent un entretien régulier, notamment le nettoyage des cendres et l'inspection des conduits de fumée.
  - Alimentation manuelle : selon le type de chaudière à bois, l'alimentation en combustible peut être manuelle, ce qui demande un certain effort physique.
  - Emissions : les chaudières à bois peuvent émettre des particules fines et d'autres polluants atmosphériques si elles ne sont pas correctement entretenues et utilisées avec du bois sec et propre.

En résumé, chaque système de chauffage a ses avantages et ses inconvénients. Les pompes à chaleur sont généralement plus économes en énergie et respectueuses de l'environnement, mais peuvent avoir des coûts d'installation plus élevés. Les chaudières à gaz sont également efficaces et ont des coûts d'installation modérés, mais elles dépendent des combustibles fossiles. Les chaudières au fioul présentent des inconvénients similaires à ceux des chaudières à gaz, avec des émissions de CO_2 plus importantes et des coûts d'entretien plus élevés. Enfin, les chaudières à bois sont une option renouvelable, mais elles nécessitent un entretien régulier et un espace de stockage adéquat pour le combustible. Les préférences individuelles, les coûts d'installation, les coûts d'exploitation, l'efficacité énergétique et les considérations environnementales doivent être pris en compte lors du choix d'un système de chauffage pour une maison ou un immeuble.

En matière de chaudière, définir la courbe de chauffe et ses paramètres "pente" et "parallèle"

La courbe de chauffe est un concept utilisé dans les systèmes de chauffage central pour déterminer la température de l'eau de chauffage en fonction de la température extérieure. L'idée est de fournir la quantité d'énergie nécessaire pour maintenir une température intérieure confortable tout en tenant compte des pertes de chaleur dues aux variations de la température extérieure. La courbe de chauffe permet d'ajuster la température de l'eau en fonction des besoins, ce qui permet d'économiser de l'énergie et d'améliorer le confort.

La courbe de chauffe est généralement représentée graphiquement, avec la température extérieure en abscisse (axe horizontal) et la température de l'eau de chauffage en ordonnée (axe vertical). La relation entre ces deux variables est déterminée par deux paramètres : la pente et le parallèle.

- La pente (aussi appelée coefficient de déperdition ou inclinaison) : La pente détermine l'inclinaison de la courbe de chauffe sur le graphique. Une pente élevée signifie que la température de l'eau de chauffage augmentera rapidement lorsque la température extérieure diminue, et inversement. Une pente faible signifie que la température de l'eau de chauffage augmentera moins rapidement en fonction de la diminution de la température extérieure. La pente doit être ajustée en fonction des caractéristiques thermiques du bâtiment, telles que l'isolation, la taille des fenêtres et les matériaux de construction. Une maison bien isolée aura généralement besoin d'une pente plus faible que celle d'une maison mal isolée.

- Le parallèle (aussi appelé décalage ou offset) : Le parallèle détermine la position de la courbe de chauffe sur l'axe vertical. Il représente la différence entre la température de l'eau de chauffage et la température de consigne intérieure souhaitée. Un parallèle élevé signifie que la température de l'eau de chauffage sera maintenue à une valeur relativement élevée, même lorsque la température extérieure est proche de la température intérieure souhaitée. Un parallèle faible signifie que la température de l'eau de chauffage sera plus proche de la température intérieure souhaitée lorsque la température extérieure est proche de cette dernière. Le parallèle doit être ajusté en fonction des préférences de confort et des exigences de chauffage spécifiques du bâtiment.

En ajustant la pente et le parallèle, il est possible d'optimiser la courbe de chauffe pour un système de chauffage central, ce qui permet de minimiser la consommation d'énergie tout en assurant un niveau de confort adéquat pour les occupants.

Quels organismes peut-on contacter pour se faire conseiller en matière de choix de solution de chauffage et pour trouver les professionnels installateurs?

Il existe plusieurs organismes et associations qui peuvent vous aider à obtenir des conseils sur le choix d'une solution de chauffage et à trouver des professionnels pour l'installation. Voici quelques exemples:

1. Agences locales de l'énergie et du climat (ALEC) : Ces agences offrent généralement des conseils gratuits et personnalisés sur l'énergie et le climat, y compris sur les systèmes de chauffage et les professionnels locaux qui peuvent les installer.

2. Espaces Info Énergie (EIE) : Les Espaces Info Énergie sont des services de conseil gratuits et indépendants qui fournissent des informations sur les économies d'énergie, les énergies renouvelables, les aides financières disponibles et les professionnels locaux.

3. Associations professionnelles : Les associations professionnelles représentant les entreprises du secteur du chauffage et des énergies renouvelables peuvent vous aider à trouver des installateurs qualifiés et expérimentés. Exemples : Fédération Française du Bâtiment (FFB), Confédération de l'Artisanat et des Petites Entreprises du Bâtiment (CAPEB), Union des Métiers et des Industries de l'Hôtellerie (UMIH), etc.

4. Labels et certifications : Recherchez des installateurs portant des labels ou des certifications qui garantissent leur expertise et leur professionnalisme. Par exemple, en France, le label "Reconnu Garant de l'Environnement" (RGE) est attribué aux entreprises qui répondent à des critères de qualité pour l'installation de systèmes de chauffage économes en énergie et respectueux de l'environnement.

5. Fournisseurs d'énergie : Les fournisseurs d'énergie peuvent également vous conseiller sur les solutions de chauffage adaptées à vos besoins et vous diriger vers des installateurs qualifiés.

6. Sites internet spécialisés : Certains sites internet proposent des informations sur les différentes solutions de chauffage et mettent en relation les particuliers avec des professionnels du secteur. Par exemple, en France, le site "FAIRE" (Faciliter, Accompagner et Informer pour la Rénovation Énergétique) offre des informations et des conseils sur la rénovation énergétique et les solutions de chauffage.

N'oubliez pas de comparer les devis de plusieurs installateurs pour vous assurer d'obtenir le meilleur prix et de vérifier les références et les avis des clients précédents pour vous assurer de la qualité du travail.

Citer des valeurs numériques précises pour les coûts précédents et les publications d'où elles proviennent

Il est important de noter que les coûts de l'énergie varient en fonction de nombreux facteurs, tels que la localisation géographique, les conditions du marché, les politiques gouvernementales et les technologies spécifiques utilisées. Les chiffres présentés ici sont des estimations basées sur des rapports et des publications récentes.

1. Centrales atomiques (énergie nucléaire) : Le coût de l'énergie nucléaire est généralement estimé entre 90 et 130 USD/MWh selon l'Agence internationale de l'énergie (AIE) et l'Organisation de coopération et de développement économiques (OCDE) dans leur rapport "Projected Costs of Generating Electricity 2020".

2. Barrages (énergie hydroélectrique) : Les coûts de l'énergie hydroélectrique varient considérablement en fonction des spécificités du site, mais les estimations se situent généralement entre 30 et 90 USD/MWh. Ces chiffres sont également tirés du rapport "Projected Costs of Generating Electricity 2020" de l'AIE et de l'OCDE.

3. Éoliennes (énergie éolienne) : Le coût de l'énergie éolienne a considérablement diminué ces dernières années. Selon l'IRENA (International Renewable Energy Agency), dans leur rapport "Renewable Power Generation Costs in 2020", le coût moyen global de l'énergie éolienne terrestre était d'environ 53 USD/MWh en 2020, et celui de l'énergie éolienne en mer (offshore) était d'environ 89 USD/MWh.

4. Cellules photovoltaïques (énergie solaire) : L'IRENA, dans le même rapport "Renewable Power Generation Costs in 2020", indique que le coût moyen global de l'énergie solaire photovoltaïque était d'environ 54 USD/MWh en 2020. Le coût de l'énergie solaire a connu une diminution spectaculaire au cours de la dernière décennie, passant de plus de 300 USD/MWh en 2010 à environ 54 USD/MWh en 2020.

Ces chiffres sont des moyennes mondiales et peuvent varier en fonction des conditions locales et des spécificités des projets. Les rapports mentionnés sont des sources fiables pour ces estimations, mais il est crucial de considérer les variations régionales et les facteurs contextuels lors de la comparaison des coûts de différentes sources d'énergie.

Quelle est l'évolution ces derniers temps des coûts des énergies suivantes utilisées pour le chauffage des bâtiments: fioul, gaz, bois, énergie nucléaire, photovoltaïque

D'après une étude de l'ADEME, les solutions bois énergie offrent des coûts de revient moins élevés et donc globalement plus compétitifs que leurs concurrents conventionnels : entre 62 et 129 €/MWh, contre une fourchette de 129 à161 €/MWh pour le fioul et de 99 à 115 €/MWh pour le gaz1.

En savoir plus :

- Étude ADEME 2020 : « Les énergies renouvelables, des filières de plus en plus compétitives » » - https://presse.ademe.fr/wp-content/uploads/2020/01/CP-cout-des-ENR-20012020-vdef.pdf
- INSEE analyses, 09/2022 – « La flambée des prix de l'énergie : un effet sur l'inflation réduit de moitié par le « bouclier tarifaire » https://www.insee.fr/fr/statistiques/fichier/6524161/ia75.pdf

3.6.1.3 Citer les technologies d'isolation thermique utilisées dans le bâtiment ? Pour chacune citer un produit isolant et la page Web de son fournisseur. Enfin, comparer ces technologies en citant leurs avantages et inconvénients.

Il existe plusieurs technologies d'isolation thermique utilisées dans le bâtiment. Voici quelques-unes d'entre elles avec un exemple de produit isolant et la page Web de son fournisseur, ainsi que leurs avantages et inconvénients:

1. Laine minérale:
   - Laine de verre
     Produit: Isover - https://www.isover.fr
     - Avantages: Bonne résistance thermique, incombustible, hydrophobe, résistant aux moisissures, facile à installer
     - Inconvénients: Irritant pour la peau et les voies respiratoires, sensible à l'humidité
   - Laine de roche
     Produit: Rockwool - https://www.rockwool.fr
     - Avantages: Excellente résistance thermique et acoustique, incombustible, résistant à l'humidité, durable
     - Inconvénients: Plus coûteux que la laine de verre, irritant pour la peau et les voies respiratoires

2. Polystyrène expansé (PSE) et polystyrène extrudé (XPS):
   - Produit: Knauf - https://www.knaufinsulation.fr
     - Avantages: Léger, facile à manipuler et à installer, bonne résistance thermique, imputrescible, résistant à l'humidité
     - Inconvénients: Sensible au feu, impact environnemental, moins performant que d'autres isolants en termes de résistance thermique

3. Polyuréthane (PU):
   - Produit: Recticel Insulation - https://www.recticelinsulation.com
     - Avantages: Excellente résistance thermique, faible épaisseur, imputrescible, résistant à l'humidité
     - Inconvénients: Plus coûteux que d'autres isolants, impact environnemental, sensible au feu

4. Isolants naturels:
   - Laine de mouton
     Produit: Buitex - https://www.buitex.com
     - Avantages: Excellente résistance thermique, renouvelable, biodégradable, hygroscopique, confortable à manipuler
     - Inconvénients: Sensible aux insectes, traitement nécessaire pour la protection contre les insectes et les rongeurs

- Fibre de bois
  Produit: Gutex - https://www.gutex.de
    - ✓ Avantages: Bonne résistance thermique, renouvelable, biodégradable, régulation de l'humidité, bonne isolation acoustique
    - ✓ Inconvénients: Plus coûteux que certains isolants synthétiques, sensibilité aux insectes et rongeurs sans traitement approprié

Chaque type d'isolant a ses avantages et inconvénients en termes de performance thermique, coût, impact environnemental et facilité d'installation. Le choix de l'isolant dépendra des contraintes spécifiques du projet de construction et des préférences en matière de matériaux.

Cette liste est utile, dans la mesure où on n'aurait pas pensé à telle ou telle solution.

3.6.1.4 Quelles sont les innovations apportées par Gustave Eiffel aux techniques de construction ? Citer des ouvrages d'Eiffel, avec pour chacun sa date de construction, sa taille, ce qu'il a d'innovant pour son époque et une page Web qui le décrit.

Gustave Eiffel est connu pour ses réalisations de structures en fer et en acier dans la seconde moitié du XIXe siècle. Il a introduit plusieurs innovations dans les techniques de construction de l'époque, en particulier l'utilisation de matériaux modernes, de techniques de construction préfabriquées et de méthodes de calcul et de conception assistées par ordinateur. Voici quelques-unes de ses œuvres les plus importantes :

1. Le pont Maria Pia, Porto, Portugal (1877)
   Taille : 353 mètres de long et 61 mètres de haut.
   Innovation : Ce pont est l'un des premiers à utiliser une arche de fer forgé, ce qui a permis de réduire le poids total de la structure tout en augmentant sa solidité et sa durabilité.
   Description : Wikipedia - Pont Maria Pia
   https://fr.wikipedia.org/wiki/Pont_Maria_Pia

2. La Statue de la Liberté, New York, États-Unis (1884)
   Taille : 93 mètres de haut, incluant le piédestal.
   Innovation : Pour cette œuvre, Eiffel a conçu un système de soutien interne unique qui permet à la statue de se déplacer légèrement en réponse aux vents forts ou aux changements de température, ce qui augmente sa résistance aux éléments.
   Description : Wikipedia - Statue de la Liberté
   https://fr.wikipedia.org/wiki/Statue_de_la_Libert%C3%A9

3. La Tour Eiffel, Paris, France (1889)
   Taille : 330 mètres de haut.
   Innovation : La Tour Eiffel a été conçue pour résister au vent, avec une structure entièrement en fer forgé qui permet à la tour de se déplacer légèrement sous l'effet du vent sans compromettre sa stabilité. De plus, elle a été assemblée avec plus de 18 000 pièces individuelles, démontrant le potentiel des techniques de construction préfabriquées.
   Description : Wikipedia - Tour Eiffel https://fr.wikipedia.org/wiki/Tour_Eiffel

4. Le Viaduc de Garabit, Cantal, France (1884)
   Taille : 565 mètres de long et 122 mètres de haut.
   Innovation : Le Viaduc de Garabit est l'une des plus grandes structures en fer forgé du monde. Il a également été construit en utilisant des techniques de

construction préfabriquées, ce qui a permis d'accélérer le processus de construction.
Description : Wikipedia - Viaduc de Garabit
https://fr.wikipedia.org/wiki/Viaduc_de_Garabit

Ces innovations ont fait d'Eiffel un pionnier dans l'utilisation du fer et de l'acier dans la construction, et ses techniques ont influencé la conception et la construction de structures à travers le monde.

3.7 Synthèses des textes Internet sur un sujet donné

3.7.1 Situation politique, économique, sociale, etc.

3.7.1.1 Décrivez la situation au Yémen compte tenu de la rébellion en cours : population, PIB par habitant, niveau d'éducation, situation alimentaire, état sanitaire, situation politique, nature du conflit, etc.

La situation au Yémen est complexe et évolue constamment, alors je vous donnerai une vue d'ensemble basée sur les informations disponibles jusqu'en septembre 2021. Il est important de noter que la situation actuelle pourrait être différente.

Population : En 2021, la population du Yémen était d'environ 30 millions d'habitants. La population est jeune, avec environ 40 % de la population âgée de moins de 15 ans.

PIB par habitant : Le Yémen est l'un des pays les plus pauvres de la région du Moyen-Orient. En 2021, le PIB par habitant était d'environ 650 dollars américains, bien que ce chiffre puisse être différent en raison de l'évolution de la situation économique.

Niveau d'éducation : Le niveau d'éducation au Yémen est généralement faible. Avant le conflit, le taux d'alphabétisation des adultes était d'environ 70 %, mais la guerre a considérablement perturbé l'accès à l'éducation pour de nombreux enfants et jeunes adultes.

Situation alimentaire : La situation alimentaire au Yémen est extrêmement préoccupante. En 2021, près de 80 % de la population dépendait de l'aide humanitaire pour survivre, et environ 20 millions de personnes souffraient d'insécurité alimentaire.

État sanitaire : Le conflit a également eu un impact dévastateur sur le système de santé du Yémen. Les installations médicales ont été détruites ou endommagées, et les pénuries de médicaments et de personnel médical qualifié sont courantes. Le Yémen a également été confronté à des épidémies de choléra et de diphtérie, ainsi qu'à la pandémie de COVID-19.

Situation politique : La situation politique au Yémen est instable et fragmentée. Le pays est divisé entre le gouvernement internationalement reconnu, soutenu par une coalition dirigée par l'Arabie saoudite et les Émirats arabes unis, et les rebelles houthis, soutenus par l'Iran. De plus, d'autres groupes, tels qu'Al-Qaïda dans la péninsule arabique (AQPA) et l'État islamique (EI), opèrent également dans certaines parties du pays.

Nature du conflit : Le conflit yéménite est à la fois complexe et multidimensionnel. Il a débuté en 2014 lorsque les rebelles houthis ont pris le contrôle de la capitale, Sanaa, et ont renversé le gouvernement. Depuis lors, le conflit s'est transformé en une guerre civile impliquant divers acteurs nationaux et internationaux, ainsi qu'en une crise humanitaire majeure.

Il est essentiel de surveiller les informations les plus récentes pour comprendre les développements actuels au Yémen, car la situation évolue rapidement et peut changer d'un jour à l'autre.

ChatGPT-4 répond point par point à la question posée. Donc ne pas hésiter à lui préciser les points d'intérêt.

3.7.1.2 Quels pays de l'Union européenne ont eu une croissance ininterrompue du PIB depuis 10 ans?

Reconnaître une croissance ininterrompue est un <u>critère de structure continue et ordonnée</u>, pour laquelle il faudrait écrire un programme d'ordinateur ad hoc.

Il est difficile de fournir une liste précise des pays de l'Union européenne ayant connu une croissance ininterrompue du PIB depuis 10 ans sans données actualisées jusqu'en 2023. Cependant, je peux vous donner une idée générale basée sur les données disponibles jusqu'en 2021.

Avant la pandémie de COVID-19 en 2020, plusieurs pays de l'UE ont enregistré une croissance économique soutenue. Parmi eux, on peut citer la Pologne, qui a connu une croissance ininterrompue depuis les années 1990, et la Suède, qui a affiché une solide performance économique ces dernières années.

Cependant, la pandémie de COVID-19 a provoqué des récessions économiques dans presque tous les pays de l'UE en 2020, interrompant la croissance du PIB pour la plupart des pays membres. En 2021, de nombreux pays ont commencé à se redresser, mais il est difficile de déterminer quels pays ont pu maintenir une croissance ininterrompue du PIB sur 10 ans sans données plus récentes.

Il est important de noter que la situation économique dans l'Union européenne est en constante évolution, et il est essentiel de consulter les données économiques les plus récentes pour obtenir une vue précise de la croissance du PIB dans chaque pays membre.

Dans quelles pages Internet trouve-t-on les données les plus récentes concernant l'évolution du PIB dans l'UE?

Pour obtenir les données les plus récentes et les plus fiables sur l'évolution du PIB dans l'Union européenne, vous pouvez consulter les sites Web des organisations suivantes:

1. Eurostat (Office statistique de l'Union européenne) : Eurostat est la principale source d'information statistique pour l'UE et ses pays membres. Vous pouvez y trouver des données sur le PIB, la croissance économique, l'inflation et d'autres indicateurs économiques clés. Lien : https://ec.europa.eu/eurostat/

2. Banque centrale européenne (BCE) : La BCE fournit des analyses économiques et monétaires pour la zone euro et l'ensemble de l'UE. Les rapports et les données publiés par la BCE incluent des informations sur le PIB et la croissance économique. Lien : https://www.ecb.europa.eu/home/html/index.en.html

3. Organisation de coopération et de développement économiques (OCDE) : L'OCDE est une organisation internationale qui fournit des analyses économiques et des données statistiques pour ses pays membres, dont la plupart des pays de l'UE. Lien : https://www.oecd.org/

4. Fonds monétaire international (FMI) : Le FMI est une institution internationale qui surveille la stabilité économique et financière mondiale. Le FMI publie

régulièrement des données et des rapports sur la croissance du PIB pour les pays de l'UE. Lien : https://www.imf.org/

5. Banque mondiale : La Banque mondiale est une organisation internationale qui fournit des informations économiques et financières sur les pays du monde entier. Vous pouvez consulter leur base de données pour obtenir des informations sur le PIB et la croissance économique des pays de l'UE.
Lien : https://data.worldbank.org/

En consultant ces sources, vous pourrez accéder aux données les plus récentes et les plus fiables sur l'évolution du PIB dans l'Union européenne.

3.7.1.3 Comparer les doctrines économiques de Keynes et de Friedman

John Maynard Keynes et Milton Friedman sont deux des économistes les plus influents du 20e siècle, chacun ayant développé sa propre théorie économique pour expliquer et résoudre les problèmes de l'économie. Les doctrines économiques de Keynes et de Friedman se distinguent principalement par leurs approches en matière de politique monétaire, fiscale et de régulation gouvernementale.

1. La politique monétaire :

- Keynes : Keynes préconisait une politique monétaire accommodante, où les banques centrales devraient abaisser les taux d'intérêt en période de récession pour stimuler la demande et l'investissement. Il croyait que la politique monétaire ne suffisait pas toujours à résoudre les problèmes économiques, d'où la nécessité de politiques fiscales.

- Friedman : Friedman, en revanche, était un fervent partisan de la politique monétaire. Il a proposé la règle de la croissance monétaire constante, selon laquelle les banques centrales devraient augmenter l'offre de monnaie à un taux constant et prévisible, indépendamment des fluctuations économiques. Il soutenait que l'inflation était toujours un phénomène monétaire et que les banques centrales devraient se concentrer sur la lutte contre l'inflation plutôt que sur la stimulation de la croissance économique.

2. La politique fiscale :

- Keynes : Keynes soutenait que la politique fiscale devait être utilisée pour stabiliser l'économie en période de récession. Il a proposé que le gouvernement augmente les dépenses publiques et réduise les impôts pour stimuler la demande globale, soutenant ainsi l'emploi et la croissance économique. Cette approche est connue sous le nom de politique budgétaire discrétionnaire.

- Friedman : Friedman, en revanche, était sceptique quant à l'efficacité de la politique fiscale pour résoudre les problèmes économiques. Il soutenait que les politiques fiscales expansionnistes pourraient conduire à une inflation plus élevée et à des déficits budgétaires. Il préconisait plutôt la discipline budgétaire et la réduction du rôle de l'État dans l'économie.

3. Le rôle du gouvernement :

- Keynes : Keynes soutenait que le gouvernement devait jouer un rôle actif dans la stabilisation de l'économie et la résolution des problèmes de chômage et de sous-investissement. Il considérait que les marchés ne s'autorégulent pas nécessairement et que l'intervention gouvernementale était souvent nécessaire pour corriger les défaillances du marché.

- Friedman : Friedman était un ardent défenseur du libéralisme économique et croyait au pouvoir du marché pour résoudre les problèmes économiques. Il soutenait que le gouvernement devrait réduire son intervention dans l'économie, minimiser les régulations et privatiser les entreprises publiques pour favoriser la concurrence et l'efficacité.

En résumé, les doctrines économiques de Keynes et de Friedman présentent des différences fondamentales en matière de politique monétaire, fiscale et de rôle du gouvernement. Tandis que Keynes prônait une intervention gouvernementale active pour stimuler la demande et soutenir la croissance économique

Quelle est la différence entre une politique monétaire et une politique budgétaire ?

La politique monétaire et la politique budgétaire sont deux approches distinctes utilisées par les gouvernements pour gérer l'économie d'un pays. Elles diffèrent par leurs objectifs, leurs outils et les institutions responsables de leur mise en œuvre.

Politique monétaire :

- Objectif : La politique monétaire vise principalement à contrôler l'inflation, à stabiliser les taux de change, à assurer la liquidité et à favoriser la croissance économique.

- Outils : Les instruments de la politique monétaire incluent les taux d'intérêt directeurs, les réserves obligatoires, les opérations d'open market et d'autres mesures visant à influencer l'offre de monnaie et les conditions de crédit dans l'économie.

- Institutions responsables : La politique monétaire est généralement mise en œuvre par la banque centrale d'un pays (par exemple, la Réserve fédérale aux États-Unis, la Banque centrale européenne en Europe) qui fonctionne de manière indépendante par rapport au gouvernement.

4. Politique budgétaire :

- Objectif : La politique budgétaire vise à influencer la demande globale dans l'économie en ajustant les dépenses publiques et les revenus (impôts et autres sources de revenus gouvernementaux) pour stimuler la croissance économique, réduire le chômage, réduire les inégalités et assurer la stabilité macroéconomique.

- Outils : Les instruments de la politique budgétaire comprennent les dépenses gouvernementales (comme les investissements dans les infrastructures, l'éducation et la santé) et les impôts (tels que l'impôt sur le revenu, la taxe sur la valeur ajoutée et les taxes sur les sociétés).

- Institutions responsables : La politique budgétaire est élaborée et mise en œuvre par le gouvernement, généralement sous la direction du ministère des Finances ou du Trésor.

En résumé, la politique monétaire est axée sur la gestion de la monnaie et des taux d'intérêt pour atteindre la stabilité des prix et la croissance économique, tandis que la politique budgétaire concerne l'utilisation des dépenses publiques et des impôts pour influencer la demande globale et atteindre des objectifs macroéconomiques plus larges.

Dans votre réponse précédente, quelle est la différence entre la politique fiscale et la politique budgétaire ?

Je m'excuse pour toute confusion *(cette imprécision)*. La politique fiscale et la politique budgétaire sont souvent utilisées de manière interchangeable, mais il y a une distinction subtile entre les deux termes.

ChatGPT-4 s'exprime ici comme une personne : « Je m'excuse... »

1. Politique budgétaire : La politique budgétaire englobe l'ensemble des décisions gouvernementales concernant les dépenses publiques et les revenus. Elle inclut à la fois les dépenses gouvernementales (investissements dans les infrastructures, l'éducation, la santé, la défense, etc.) et les revenus du gouvernement (impôts, taxes, emprunts, etc.). La politique budgétaire est un outil plus large pour influencer la demande globale, stimuler la croissance économique, réduire le chômage et assurer la stabilité macroéconomique.

2. Politique fiscale : La politique fiscale est une composante de la politique budgétaire et se concentre spécifiquement sur la manière dont le gouvernement génère des revenus par le biais des impôts et des taxes. Elle englobe la conception et la mise en œuvre des systèmes d'imposition, tels que l'impôt sur le revenu, la taxe sur la valeur ajoutée et les taxes sur les sociétés. La politique fiscale peut être utilisée pour encourager ou décourager certains comportements économiques, redistribuer les revenus et réduire les inégalités.

En résumé, la politique budgétaire est un concept plus large qui englobe les dépenses publiques et les revenus du gouvernement, tandis que la politique fiscale se concentre spécifiquement sur la manière dont le gouvernement génère des revenus par le biais des impôts et des taxes. Les deux politiques sont étroitement liées et sont utilisées conjointement pour atteindre les objectifs macroéconomiques du gouvernement.

3.7.1.4 Quels sont les défis de l'Union Européenne et des pays du Golfe en matière d'aide humanitaire?

L'Union Européenne et les pays du Golfe, en tant que fournisseurs d'aide humanitaire significatifs, sont confrontés à plusieurs défis similaires. Ces défis peuvent comprendre:

1. Accès aux zones de conflit : Atteindre les personnes dans le besoin dans les zones de conflit peut être extrêmement difficile. Des groupes armés peuvent bloquer l'accès à ces régions ou rendre l'acheminement de l'aide suffisamment dangereux pour décourager les tentatives.

2. Coordination de l'aide : La coordination entre les différents donateurs, les agences d'aide et les organisations non gouvernementales est un défi constant. Sans coordination adéquate, l'aide peut ne pas atteindre ceux qui en ont le plus besoin ou certaines régions peuvent être négligées.

3. Efficacité et responsabilité : Il peut être difficile de s'assurer que l'aide est utilisée de manière efficace et que les fonds ne sont pas détournés. Cela nécessite une surveillance et une responsabilisation rigoureuses, ce qui peut être difficile à réaliser dans les zones de conflit ou de post-conflit.

4. Problématiques politiques : L'aide peut être utilisée comme un outil politique, ce qui peut entraver son efficacité. Par exemple, les pays donateurs peuvent choisir de privilégier certains groupes ou régions en fonction de leurs propres intérêts politiques.

5. Durabilité : L'aide humanitaire est souvent une solution à court terme. Un défi majeur est de trouver des moyens de soutenir le développement à long terme et la résilience dans les zones touchées par les conflits ou les catastrophes.
6. Changements climatiques : Les effets du changement climatique, tels que les sécheresses, les inondations et les tempêtes plus fréquentes et plus intenses, peuvent augmenter la nécessité d'une aide humanitaire. Cela peut mettre à rude épreuve les ressources disponibles et rendre plus difficile la prévision des besoins futurs.

Pour relever ces défis, l'UE et les pays du Golfe peuvent avoir besoin de renforcer leur coopération, d'améliorer la coordination avec d'autres acteurs, de mettre l'accent sur la responsabilisation et la transparence, et de travailler à des solutions à long terme pour la résilience et le développement durable.

Quel est le montant de l'aide humanitaire de l'Arabie Saoudite au Yémen?

ChatGPT-4 ne peut répondre à cette question, car ses données datent de septembre 2021. Voici donc la réponse de Bing Chat le 20/05/2023.

> L'Arabie Saoudite a annoncé une aide humanitaire de **247 millions de dollars** au Yémen en 2016 [1]. Depuis 2015, le centre KSRelief a mis en œuvre quelque **2000 projets humanitaires** dans **84 pays**, pour une valeur de plus de **5,7 milliards de dollars** [2]. Selon Arab News FR, l'aide humanitaire saoudienne atteint **94 milliards de dollars**, le Yémen étant en tête des bénéficiaires [2].
>
> En savoir plus :
> 1. francetvinfo.fr   2. arabnews.fr
> 3. lepoint.fr   4. lefigaro.fr

Le texte complémentaire 2 ci-dessus appelle la page Arabnews du 01/06/2022 https://www.arabnews.fr/node/248701/monde-arabe. Cette page, trouvée par Bing Chat, était inaccessible à ChatGPT-4 dont les informations s'arrêtent à 09/2021. Il faut donc essayer successivement ChatGPT-4, Bing et Bing Chat.

3.7.2 Sciences dures ou sciences humaines

3.7.2.1 *Définir la psychologie et les diverses disciplines rassemblées sous ce nom*

La psychologie est une discipline scientifique qui étudie les comportements et les processus mentaux. Cela comprend l'analyse de la perception, de la cognition, de l'émotion, de la personnalité, du comportement, et des relations interpersonnelles. Elle vise à comprendre, prédire et parfois à améliorer le bien-être et la performance des individus, des groupes ou des organisations.

La psychologie est un vaste domaine qui se compose de nombreuses sous-disciplines, parmi lesquelles :

1. Psychologie clinique : Elle se concentre sur le diagnostic, le traitement et la prévention des troubles mentaux. Les psychologues cliniciens peuvent utiliser une variété de méthodes thérapeutiques, y compris (mais sans s'y limiter) la thérapie cognitive-comportementale, la psychothérapie psychodynamique, et la thérapie humaniste.
2. Psychologie du développement : Cette sous-discipline étudie comment les êtres humains changent au fil du temps, de la conception à la mort. Cela comprend l'étude du développement physique, cognitif, social et émotionnel.
3. Psychologie cognitive : Elle explore les processus de pensée, y compris la perception, l'apprentissage, la mémoire, le langage, la résolution de problèmes, et la prise de décisions.
4. Psychologie sociale : Elle se concentre sur la façon dont les pensées, les sentiments et les comportements des individus sont influencés par la présence réelle, imaginaire ou implicite des autres.
5. Psychologie du travail et des organisations : Elle examine les comportements et les attitudes en milieu de travail et cherche à améliorer la productivité, la santé et le bien-être des employés.
6. Neuropsychologie : Elle s'intéresse aux relations entre le cerveau et le comportement, en particulier comment les lésions ou les dysfonctionnements cérébraux affectent les fonctions mentales et le comportement.
7. Psychologie de l'éducation : Elle étudie comment les gens apprennent dans des environnements éducatifs, l'efficacité des interventions éducatives, et les processus de l'apprentissage individuel et de l'enseignement.
8. Psychologie de la santé : Elle examine comment les facteurs biologiques, sociaux et psychologiques influencent la santé et la maladie.

Ces sous-disciplines ne sont que quelques exemples de l'étendue de la psychologie. Chacune de ces disciplines peut être encore plus spécialisée, selon différents groupes d'âge, contextes ou troubles spécifiques.

Citer des ouvrages de référence en français concernant la Psychologie sociale et la Psychologie du travail et des organisations

Voici quelques ouvrages de référence en français concernant la psychologie sociale et la psychologie du travail et des organisations :

1. Psychologie sociale :
   - "Psychologie sociale" de Robert-Vincent Joule et Jean-Léon Beauvois : Ce livre est une référence incontournable en psychologie sociale. Il présente les principaux concepts et théories de cette discipline.
   - "Les 100 mots de la psychologie" de Olivier Houdé : Ce livre, accessible à tous, donne un aperçu de nombreux concepts clés en psychologie, y compris en psychologie sociale.
   - "Introduction à la psychologie sociale - Vivre, penser et agir avec les autres" de Fabien Girandola, Jacques-Philippe Leyens et Nicolas Sommet : Un ouvrage complet qui offre une vue d'ensemble de la discipline.

2. Psychologie du travail et des organisations :
   - "Introduction à la psychologie du travail et des organisations" de Michel Vézina, Denis Chênevert et Caroline Biron : Ce livre est souvent utilisé comme manuel d'introduction pour les étudiants en psychologie du travail et des organisations.
   - "Psychologie du travail et des organisations : 110 notions clés" de Jean-Luc Bernaud et Claude Lemoine : Ce livre offre un aperçu de divers concepts en psychologie du travail et des organisations, ce qui en fait un excellent ouvrage de référence.
   - "Psychologie du travail et des organisations : enjeux et défis" de Françoise Vouillot : Ce livre explore divers problèmes contemporains en psychologie du travail et des organisations, tels que le stress au travail, le leadership et l'engagement des employés.
   - "Psychologie des organisations" de Jean-François Chanlat et Olivier Bachelard : Cet ouvrage propose une synthèse des principales approches et théories en psychologie des organisations, avec une attention particulière portée aux enjeux contemporains tels que la diversité, l'éthique, et le bien-être au travail.
   - "Le travail à cœur : Pour en finir avec les risques psychosociaux" de Christophe Dejours : Dans cet ouvrage, l'auteur, psychiatre et psychanalyste, explore les impacts des conditions de travail sur la santé mentale des travailleurs et propose des pistes de réflexion pour améliorer le bien-être au travail.
   - "Traité de psychologie du travail et des organisations" de Charles Martin-Krumm, Claude Louche et Philippe Sarnin : C'est un traité exhaustif qui regroupe l'ensemble des connaissances actuelles en psychologie du travail et des organisations, couvrant des sujets tels que le management, le leadership, la motivation, la satisfaction au travail, le stress et le bien-être au travail.

Ces ouvrages devraient vous offrir une bonne base de connaissances en psychologie sociale et en psychologie du travail et des organisations.

Il est toujours préférable de consulter la dernière édition de chaque ouvrage pour obtenir les informations les plus récentes. Ces livres peuvent être trouvés dans la plupart des bibliothèques universitaires ou peuvent être achetés en ligne.

3.7.2.2 *Selon nos lois de la Physique, une action peut-elle avoir lieu de l'extérieur vers l'intérieur de l'Univers, ou de l'intérieur vers l'extérieur de l'Univers?*

Selon notre compréhension actuelle de la physique, l'Univers est généralement considéré comme un système fermé. Cela signifie que toutes les lois de la physique que nous connaissons s'appliquent à l'intérieur de l'Univers et que nous ne connaissons pas d'interactions ou de processus physiques qui se produisent entre notre Univers et un "extérieur" hypothétique.

La notion d'un "extérieur" de l'Univers est en soi difficile à définir et à comprendre, car notre Univers est tout ce que nous pouvons observer et étudier. La physique moderne traite des objets et des phénomènes qui existent dans notre espace-temps, c'est-à-dire l'Univers observable. Par conséquent, il n'existe pas de cadre théorique bien établi pour décrire ou prédire des actions se produisant de l'extérieur vers l'intérieur de l'Univers ou vice versa.

Cependant, certaines théories, comme la théorie des multivers, suggèrent qu'il pourrait exister d'autres univers avec leurs propres lois de la physique. Ces autres univers pourraient interagir avec notre Univers de manière indirecte ou subtile, mais cette idée reste très spéculative et n'est pas soutenue par des preuves empiriques solides.

En résumé, selon nos lois actuelles de la physique, il n'y a pas de preuves ou de mécanismes connus pour les actions se produisant de l'extérieur vers l'intérieur de l'Univers ou de l'intérieur vers l'extérieur de l'Univers. *Pour plus de détails voir [4]*.

3.7.3 Synthèses multidisciplinaires de connaissances

3.7.3.1 *Qu'est-ce que la vie ? Citer les points de vue des biologistes, des naturalistes, des philosophes et des sociologues, avec leurs sources Web*

La définition de la vie est un sujet complexe et multidisciplinaire qui implique des perspectives de diverses disciplines académiques. Voici quelques points de vue sur la vie de différentes disciplines :

- Biologie - En biologie, la vie est généralement définie par une série de caractéristiques communes à toutes les formes de vie connues, qui comprennent la capacité à se reproduire, à évoluer, à s'autoréguler, à réagir à l'environnement, à se développer et à maintenir l'homéostasie. Cependant, il est important de noter que même parmi les biologistes, il n'y a pas de consensus absolu sur une définition unique de la vie.
  Source : https://www.nature.com/scitable/topicpage/what-is-life-14219822/

- Naturalisme - Dans le contexte de la philosophie naturelle, la vie est souvent considérée comme une propriété émergente des systèmes physico-chimiques complexes. Le naturalisme tend à mettre l'accent sur l'unicité de la vie comme processus, plutôt que comme une chose ou une entité.
  Source : https://plato.stanford.edu/archives/win2016/entries/life/

- Philosophie - La philosophie offre de nombreuses interprétations sur ce qu'est la vie, allant de l'existentialisme, qui soutient que la signification de la vie est individuellement et subjectivement déterminée, à diverses écoles de pensée qui débattent sur des questions telles que l'importance de la conscience, la moralité, et l'expérience subjective dans la définition de la vie.
  Source : https://iep.utm.edu/life-mean/

- Sociologie - En sociologie, la vie est souvent examinée en termes de comportements sociaux et de structures sociales, plutôt qu'en termes de caractéristiques biologiques. Les sociologues pourraient se concentrer sur des questions comme comment la vie est structurée par des institutions sociales, comment les individus et les groupes interagissent dans leurs vies quotidiennes, ou comment les expériences de vie diffèrent selon des facteurs tels que la classe sociale, la race, le genre, etc.
  Source : https://www.asanet.org/about-asa/asa-story/what-sociology

C'est une question fondamentale qui touche à des aspects profonds de notre compréhension du monde et de nous-mêmes, et il n'existe pas une seule réponse qui soit universellement acceptée.

La difficulté de la question précédente justifie la demande d'une seconde réponse

Regenerate response

La question de "Qu'est-ce que la vie ?" est profonde et complexe. Chaque discipline aborde cette question à sa manière, offrant différentes perspectives. Voici comment quelques-uns de ces champs pourraient l'aborder:

1. Biologistes: Les biologistes considèrent généralement la vie en termes de processus et de structures biologiques. La vie est souvent définie par un ensemble de caractéristiques, y compris la capacité de croître, de se reproduire, de répondre aux stimuli, de s'adapter à l'environnement, et de posséder une organisation cellulaire. Un exemple de source web serait l'Encyclopedia Britannica : www.britannica.com/science/life .

3. Naturalistes: Les naturalistes voient la vie comme une partie intégrale de la nature. Ils mettent l'accent sur l'interdépendance des organismes et leur environnement, et sur l'évolution comme moteur de la diversité de la vie. Vous pouvez lire plus sur cette perspective sur le site de la National Geographic Society: www.nationalgeographic.org/encyclopedia/naturalist .

4. Philosophes: Les philosophes abordent la question de la vie de plusieurs façons, en examinant des sujets tels que le sens et le but de la vie, la nature de l'existence, la conscience et la moralité. Par exemple, pour les existentialistes, la vie est ce que nous en faisons, sans sens intrinsèque préexistant. Un bon point de départ pour explorer la philosophie de la vie pourrait être la Stanford Encyclopedia of Philosophy : https://plato.stanford.edu/ .

5. Sociologues: Les sociologues considèrent la vie en termes de structures et de processus sociaux. Ils se concentrent sur la manière dont les interactions sociales et les institutions sociales influencent notre vie. Ils pourraient se concentrer sur les facteurs tels que la race, le genre, la classe, et comment ceux-ci influencent les opportunités de vie. La Sociological Review pourrait être une source d'information utile: www.thesociologicalreview.com .

La conclusion de ChatGPT-4 sur son rôle et ses possibilités est intéressante :
Ces explications sont des généralisations et il existe une grande diversité de pensées au sein de chaque domaine. De plus, il est important de noter que mon rôle en tant qu'IA est de fournir des informations sur les perspectives générales plutôt que des sources précises sur le web. Les liens hypertextes indiqués ici sont des suggestions de domaines en ligne où vous pourriez trouver plus d'informations, mais je ne suis pas en mesure de fournir des liens actifs ou de garantir la précision de l'information sur ces sites à partir de ma date de formation en septembre 2021.

3.8   Analyses de textes pour répondre à une question

Bien que ChatGPT-4 n'ait pas de sens critique ou de discernement comme un être humain, il est capable de chercher, dans sa base de données d'origine ou dans une base de données d'utilisateur, des conséquences d'une affirmation qu'on lui soumet.

3.8.1.1 CNews condamnée à 200 000 euros d'amende pour des propos d'Éric Zemmour. Est-ce une bonne ou une mauvaise nouvelle pour les téléspectateurs?

En tant qu'intelligence artificielle, je n'ai pas d'opinion personnelle, mais je peux vous donner une analyse objective de la situation.

La décision de condamner CNews à une amende de 200 000 euros pour des propos tenus par Éric Zemmour peut être perçue différemment selon les points de vue des téléspectateurs et leurs opinions politiques ou sociales.

Pour certains téléspectateurs, cette décision peut être considérée comme une bonne nouvelle, car elle montre que les autorités de régulation des médias prennent des mesures pour lutter contre les discours de haine, la discrimination ou les propos incitant à la violence. Cela peut encourager les chaînes de télévision et les médias en général à être plus responsables dans la sélection de leurs intervenants et à éviter les dérapages.

D'un autre côté, certains téléspectateurs pourraient considérer cette décision comme une mauvaise nouvelle, car ils estiment que la liberté d'expression est menacée et que cette condamnation constitue une forme de censure. Ils peuvent soutenir que les opinions controversées, même si elles sont choquantes pour certaines personnes, devraient être autorisées dans le cadre du débat public.

En fin de compte, la perception de cette décision dépendra des valeurs et des opinions personnelles de chaque téléspectateur. Il est important de trouver un équilibre entre la protection de la liberté d'expression et la prévention des discours haineux ou incitant à la violence.

3.8.1.2 *Définir deepfakes*

Les deepfakes sont des médias manipulés à l'aide de techniques d'intelligence artificielle, généralement des réseaux de neurones profonds, pour créer des contenus hyper réalistes qui imitent la voix, l'apparence ou les mouvements d'une personne réelle. Le terme « deepfake » est une combinaison des termes « deep learning » (apprentissage profond) et « fake » (faux).

Les deepfakes peuvent être utilisés pour créer des images, des vidéos ou des enregistrements audio qui semblent authentiques, mais qui présentent des personnes faisant ou disant des choses qu'elles n'ont jamais faites ou dites. Bien que ces technologies puissent être utilisées à des fins créatives ou de divertissement, elles soulèvent également des préoccupations en matière de désinformation, de manipulation et de violation de la vie privée.

Malgré son manque de sens critique, ChatGPT-4 a entendu parler de « deepfakes »

3.9 Médecine

3.9.1 Diagnostic

Voyons comment ChatGPT-4 produit un diagnostic.

3.9.1.1 *Un patient a été opéré de la prostate. Il a subi une adénomectomie par voie sus-pubienne. On a alors découvert sur l'histologie un carcinome de la prostate Gleason 6 avec PSA élevé à 77, affection immédiatement traitée avec du Casodex. Son PSA est descendu en 8 mois à 14, puis est remonté en 5 mois à 24. Sa créatinine et sa cytologie sont normales. Quel diagnostic faut-il faire pour ce patient, et quel traitement prescrire ?*

L'histoire du patient indique un cancer de la prostate de grade Gleason 6, avec un niveau de PSA initial très élevé (77). Malgré un traitement initial avec le Casodex (bicalutamide), une thérapie anti-androgène, qui a réussi à abaisser le niveau de PSA à 14, il semble maintenant que le niveau de PSA est de nouveau en augmentation, passant à 24 en 5 mois.

Le diagnostic actuel du patient est très probablement un cancer de la prostate résistant à la castration (CRPC) - ce terme est utilisé lorsque le cancer de la prostate progresse malgré l'utilisation de traitements pour réduire les niveaux d'androgènes.

L'augmentation du PSA malgré le traitement indique que le cancer est toujours actif et peut progresser.

Concernant le traitement, il est recommandé d'explorer d'autres options thérapeutiques. En général, l'approche thérapeutique pourrait inclure :

Une thérapie de deuxième ligne par anti-androgènes, comme l'enzalutamide ou l'abiratérone. Ces médicaments ont montré des résultats prometteurs chez les patients résistants au bicalutamide.

La chimiothérapie avec un agent comme le docétaxel pourrait être envisagée si le patient est en bonne santé et capable de tolérer cette approche.

La radiothérapie peut être utilisée pour contrôler les symptômes locaux si le cancer s'est propagé aux os.

Des traitements plus récents, comme la thérapie de privation androgénique intermittente (IPAD) ou l'immunothérapie, pourraient également être envisagés selon les dernières recommandations et les dernières études cliniques.

Il serait également utile d'avoir une discussion approfondie avec le patient concernant les risques et les avantages potentiels de ces traitements. Il est important de noter que les traitements sont souvent personnalisés en fonction des besoins individuels du patient, de ses symptômes, de sa tolérance au traitement et de ses préférences.

Enfin, comme le niveau de PSA du patient est de nouveau en hausse, un autre examen d'imagerie pourrait être nécessaire pour déterminer si le cancer s'est propagé à d'autres parties du corps. Le médecin pourrait envisager une TDM, une IRM, une scintigraphie osseuse ou d'autres formes d'imagerie.

Ce patient a 84 ans et son état général est satisfaisant. Quelles sont ses probabilités de survie à 5 ans et à 10 ans ?

Il est difficile de donner un chiffre précis pour l'espérance de vie de votre patient, car le pronostic dépend de nombreux facteurs. Cependant, je peux fournir quelques informations générales.

Dans le cancer de la prostate résistant à la castration (CRPC), l'âge avancé est souvent associé à un pronostic plus mauvais. Cela est dû à plusieurs raisons, notamment la présence de comorbidités, une réponse moindre au traitement et une mortalité plus élevée non liée au cancer. Cependant, si l'état de santé général de votre patient est bon, cela pourrait avoir un effet positif sur son pronostic.

Dans les cas de CRPC, l'espérance de vie moyenne est souvent de 2 à 3 ans, mais cela varie largement en fonction de nombreux facteurs, notamment la réponse au traitement. Les statistiques montrent que le taux de survie à 5 ans pour les hommes de plus de 65 ans atteints de CRPC est généralement inférieur à 30%, mais encore une fois, cela dépend de nombreux facteurs individuels.

Pour ce qui est de l'espérance de vie à 10 ans, elle est généralement faible pour les patients atteints de CRPC, en particulier ceux qui sont âgés. Cependant, il est important de noter que ces statistiques sont des moyennes et ne prédisent pas nécessairement l'issue pour un individu spécifique. De plus, avec l'avancée des traitements du CRPC, les taux de survie peuvent s'améliorer.

Comme toujours, il est important de discuter de ces informations avec le médecin traitant du patient, qui connaît le mieux sa situation médicale spécifique. Ces informations sont destinées à fournir une orientation générale et peuvent ne pas refléter précisément l'espérance de vie de votre patient.

3.9.2 Comparaison de désinfectants

3.9.2.1 En tant qu'antiseptiques comparer Alcool à 90° et Biseptine. Citer d'autres produits désinfectants

Alcool à 90° et Biseptine sont tous deux des antiseptiques, mais ils ont des propriétés et des utilisations légèrement différentes.

L'alcool à 90° (ou alcool isopropylique) est un désinfectant puissant qui peut tuer de nombreux types de micro-organismes, y compris les bactéries et les virus. Il est souvent utilisé pour désinfecter les surfaces et les outils, ainsi que pour la désinfection de la peau avant les injections. Cependant, l'alcool à 90° peut être irritant pour la peau et ne doit pas être utilisé sur des plaies ouvertes ou des muqueuses.

La Biseptine est une solution antiseptique à base de chlorhexidine, de benzalkonium et de benzyle alcool. Elle est couramment utilisée pour nettoyer et désinfecter les petites plaies, les coupures et les égratignures. La Biseptine est généralement moins irritante pour la peau que l'alcool à 90° et peut être utilisée sur des plaies ouvertes. Cependant, elle peut provoquer une irritation ou une allergie chez certaines personnes.

D'autres produits désinfectants couramment utilisés comprennent :

1. L'eau de Javel (ou hypochlorite de sodium) : un désinfectant puissant utilisé pour nettoyer les surfaces. Il est efficace contre de nombreux types de micro-organismes, mais peut être corrosif et doit être utilisé avec prudence.
2. Peroxyde d'hydrogène : utilisé pour nettoyer les plaies et comme désinfectant pour les surfaces. Il libère de l'oxygène lorsqu'il entre en contact avec des micro-organismes, ce qui peut les tuer.
3. Éthanol : similaire à l'alcool isopropylique, l'éthanol est un désinfectant efficace contre de nombreux types de micro-organismes. Il est souvent utilisé dans les désinfectants pour les mains.
4. Povidone iodée (Bétadine) : un antiseptique couramment utilisé pour nettoyer les plaies et prévenir les infections.
5. Chlorhexidine : souvent utilisée dans les désinfectants pour la peau et les muqueuses, elle est également efficace contre une variété de micro-organismes.

Il est important de noter que tous ces antiseptiques doivent être utilisés correctement pour être efficaces et pour minimiser le risque d'irritation ou de dommages.

3.10 Economie

3.10.1 Exemples simples

3.10.1.1 Citer des exemples d'utilisation de ChatGPT en économie accompagnés des liens Internet vers les pages qui les décrivent

En tant qu'IA, je ne peux pas fournir de liens Internet vers des pages spécifiques en temps réel, car mon apprentissage s'est terminé en septembre 2021 et je ne peux pas parcourir le Web. Cependant, je peux vous donner quelques exemples d'utilisations potentielles de ChatGPT dans le domaine de l'économie:

1. Prévision économique: ChatGPT peut être utilisé pour analyser les données économiques et les tendances passées pour faire des prévisions économiques. Cela inclut la prévision du PIB, de l'inflation, du taux de chômage, etc.

2. Analyse des politiques économiques: ChatGPT peut aider les économistes et les décideurs politiques à évaluer les effets possibles de différentes politiques économiques sur les variables macroéconomiques. Par exemple, il peut être utilisé pour simuler l'impact d'une variation des taux d'intérêt ou des dépenses publiques sur la croissance économique.

3. Analyse de marché: ChatGPT peut être utilisé pour analyser les tendances du marché, identifier les opportunités d'investissement et fournir des informations sur la demande et l'offre de biens et services sur différents marchés.

4. Recherche économique: Les chercheurs peuvent utiliser ChatGPT pour résumer des articles et des rapports économiques, ou pour générer des hypothèses de recherche basées sur les données et les tendances observées.

5. Enseignement de l'économie: ChatGPT peut être utilisé comme un outil d'enseignement pour aider les étudiants à apprendre les concepts économiques de base et à résoudre des problèmes économiques.

Pour en savoir plus sur ChatGPT et son utilisation dans divers domaines, vous pouvez consulter le site Web d'OpenAI, qui contient des informations générales sur le modèle et ses applications: https://www.openai.com/ . Vous pouvez également rechercher des articles et des études de cas sur l'utilisation de ChatGPT en économie en utilisant des moteurs de recherche ou en parcourant les archives de revues économiques et les sites Web de conférences.

3.10.1.2 Quels sont les impacts du COVID-19 sur les divers secteurs économiques en France ?

La pandémie de COVID-19 a eu des impacts significatifs sur de nombreux secteurs économiques en France. Les mesures de confinement, les restrictions de voyage et les changements dans les habitudes de consommation ont varié en fonction de chaque secteur. Voici quelques-uns des secteurs les plus touchés :

1. Tourisme et hôtellerie : La France est l'une des principales destinations touristiques mondiales, et le secteur du tourisme et de l'hôtellerie a été fortement touché par les restrictions de voyage et les confinements. Les hôtels, restaurants, sites touristiques et autres entreprises liées au tourisme ont subi des pertes importantes en raison de la baisse du nombre de visiteurs nationaux et internationaux.

2. Transport aérien : Les compagnies aériennes françaises, comme dans d'autres pays, ont été gravement touchées en raison de la réduction drastique des voyages internationaux et nationaux et des restrictions de voyage imposées par les gouvernements.

3. Commerce de détail : Les magasins non essentiels ont dû fermer temporairement pendant les confinements, ce qui a conduit à des pertes de revenus pour de nombreuses entreprises de détail. Néanmoins, certaines entreprises ont réussi à s'adapter en se tournant vers le commerce électronique et les services de livraison.

4. Culture et événements : Les salles de cinéma, les théâtres, les salles de concert et les organisateurs d'événements ont été gravement touchés en raison de l'annulation ou du report de nombreux événements et de la fermeture des lieux culturels.
5. Automobile : La demande pour les véhicules neufs a diminué en raison des incertitudes économiques et des confinements. Cette baisse a affecté les constructeurs automobiles français et les entreprises liées à la chaîne d'approvisionnement.
6. Pétrole et énergie : La demande mondiale de pétrole a chuté en raison de la réduction des voyages et de l'activité économique. Cela a entraîné une baisse des prix du pétrole et a affecté les entreprises françaises du secteur de l'énergie.

En revanche, certains secteurs ont connu une croissance ou une transformation pendant la pandémie :

1. Commerce électronique : Les entreprises en ligne ont bénéficié de la fermeture des magasins physiques et de la demande accrue pour les achats en ligne.
2. Technologies de l'information et de la communication : Le travail à domicile et l'enseignement à distance ont stimulé la demande pour les services numériques, les logiciels de collaboration et les infrastructures de télécommunication.
3. Pharmacie et santé : La recherche et la production de vaccins, les équipements de protection individuelle (EPI) et les dispositifs médicaux ont été stimulés par la pandémie.

Les impacts du COVID-19 sur l'économie française ont été importants et divers, mais certains secteurs ont réussi à s'adapter et à saisir de nouvelles opportunités.

Chiffrer les impacts précédents en euros

Il est difficile de chiffrer précisément les impacts de la pandémie de COVID-19 sur l'économie française en termes d'euros, car les pertes et les gains varient considérablement selon les secteurs et les entreprises. Cependant, je peux fournir quelques estimations basées sur les données disponibles jusqu'en septembre 2021.

1. Tourisme et hôtellerie : Selon l'Organisation mondiale du tourisme (OMT), la France a enregistré une perte de revenus touristiques de plus de 40 milliards d'euros en 2020.
2. Transport aérien : Air France-KLM, le principal groupe de transport aérien français, a enregistré une perte nette de 7,1 milliards d'euros en 2020.
3. Commerce de détail : Les pertes exactes pour le secteur du commerce de détail sont difficiles à estimer, mais les fermetures de magasins et les restrictions ont entraîné une baisse importante des revenus pour de nombreuses entreprises, en particulier celles qui n'ont pas pu s'adapter rapidement au commerce électronique.
4. Culture et événements : Selon le Syndicat national du spectacle musical et de variété (PRODISS), le secteur du spectacle vivant en France a enregistré une perte de revenus d'environ 1,4 milliard d'euros en 2020.
5. Automobile : Les ventes de véhicules neufs en France ont chuté de 25,5 % en 2020 par rapport à 2019, ce qui représente une perte de plusieurs milliards d'euros pour les constructeurs automobiles et les concessionnaires.

Il est important de noter que ces chiffres sont des estimations et peuvent varier en fonction des sources et des méthodes de calcul. De plus, ces chiffres ne tiennent pas compte des gains réalisés dans des secteurs tels que le commerce électronique, les technologies de l'information et de la communication, et la pharmacie et la santé. Les impacts économiques globaux de la pandémie de COVID-19 en France sont complexes et multidimensionnels, et les chiffres mentionnés ici ne représentent qu'une partie de l'histoire.

On voit que ChatGPT-4 s'est souvenu que la question précédente portait sur la France : il l'a sous-entendu dans sa réponse.

Quels ont été les coûts du COVID-19 pour les divers postes du budget 2020 de la France?

Le COVID-19 a eu un impact significatif sur le budget 2020 de la France, entraînant des coûts supplémentaires et des dépenses imprévues pour faire face à la crise. Voici quelques-uns des principaux postes budgétaires affectés :

1. Santé : La France a dû investir massivement dans le système de santé pour faire face à la pandémie. Cela comprend les dépenses pour les équipements de protection individuelle (EPI), les tests de dépistage, les traitements et les vaccins, ainsi que pour soutenir les hôpitaux et les établissements de santé. Les dépenses supplémentaires pour la santé en 2020 sont estimées à plusieurs milliards d'euros.

2. Soutien aux entreprises : Pour aider les entreprises à faire face à la crise et préserver les emplois, le gouvernement français a mis en place des mesures de soutien telles que le chômage partiel, les prêts garantis par l'État et les subventions. Ces mesures ont représenté plusieurs dizaines de milliards d'euros en 2020.

3. Soutien aux ménages : La France a également mis en place des mesures pour soutenir les ménages touchés par la crise, notamment des aides exceptionnelles pour les travailleurs précaires et les familles les plus vulnérables. Ces dépenses supplémentaires se chiffrent en milliards d'euros.

4. Éducation : Les dépenses en matière d'éducation ont également été affectées, notamment en raison du passage à l'enseignement à distance et de la nécessité d'investir dans les infrastructures numériques et les équipements pour les écoles et les étudiants.

5. Revenus fiscaux : La crise économique provoquée par la pandémie a entraîné une baisse des recettes fiscales pour le gouvernement français, en raison de la diminution des revenus des entreprises et des particuliers et de la contraction de l'économie en général.

Il est difficile de quantifier précisément l'impact du COVID-19 sur chaque poste du budget 2020 de la France, mais il est clair que la pandémie a entraîné des dépenses supplémentaires importantes et des déficits budgétaires. Les efforts de relance et de soutien continueront probablement d'avoir un impact sur le budget français dans les années à venir.

3.10.2 Fusions et acquisitions d'entreprises : avantages et risques

3.10.2.1 Une entreprise internationale envisag d'acheter une petite entreprise française de son secteur d'activité. Lister tous les avantages que l'entreprise

internationale peut tirer de cette opération, et tous ses risques. Citer des ouvrages sur ce sujet

Acquérir une petite entreprise française peut offrir plusieurs avantages à une entreprise internationale, tout en présentant certains risques.

Avantages :

1. Expansion sur le marché français et européen : L'achat d'une entreprise locale peut aider l'entreprise internationale à pénétrer le marché français et, plus largement, le marché de l'Union Européenne.
2. Accès à de nouvelles compétences et technologies : La petite entreprise peut posséder des compétences, des technologies ou des procédés uniques qui seraient bénéfiques pour l'entreprise internationale.
3. Synergies : Les économies d'échelle et les synergies peuvent être réalisées en combinant les opérations de l'entreprise internationale et de la petite entreprise.
4. Réduction des coûts : L'entreprise internationale peut réaliser des économies en utilisant les ressources existantes de la petite entreprise.
5. Diversification des activités : L'acquisition peut permettre à l'entreprise internationale de diversifier son portefeuille d'activités.

Risques :

1. Évaluation incorrecte : L'entreprise internationale pourrait surestimer la valeur de la petite entreprise, ce qui pourrait entraîner une perte d'argent.
2. Difficultés d'intégration : Il peut être difficile d'intégrer les opérations et la culture de la petite entreprise à celles de l'entreprise internationale.
3. Réputation : Si l'acquisition est mal gérée, cela pourrait avoir un impact négatif sur la réputation de l'entreprise internationale.
4. Conformité réglementaire : Il peut y avoir des problèmes de conformité avec les réglementations locales et de l'Union Européenne.
5. Résistance des employés : Les employés de la petite entreprise peuvent résister à l'acquisition, ce qui pourrait entraîner des perturbations.

Pour plus d'informations sur ce sujet, voici quelques ouvrages que vous pourriez consulter :

1. "Mergers & Acquisitions Integration Handbook" par Scott C. Whitaker. Ce livre fournit une approche étape par étape pour gérer le processus d'intégration après une acquisition.
2. "Mergers and Acquisitions from A to Z" par Andrew J. Sherman. Ce livre offre une perspective complète sur tout le processus d'acquisition.
3. "Fusions-Acquisitions : Stratégie, Finance, Management" par Hervé Stolowy, Michel Levasseur, Luc Paugam. C'est une bonne ressource pour comprendre les fusions-acquisitions du point de vue français.
4. "Acquisition Strategy and Implementation" par Hubbard, Graham. Ce livre explore les stratégies et les méthodes pour réussir les acquisitions.

Il convient de noter que chaque situation d'acquisition est unique et que l'entreprise internationale devrait consulter un expert dans le domaine avant de prendre une décision.

3.10.2.2 Deux grands groupes industriels envisagent de s'associer par échange d'actions. Lister tous les avantages que ces groupes peuvent espérer de cette fusion et les risques contre lesquels ils doivent se prémunir.

L'échange d'actions entre deux grands groupes industriels peut permettre une fusion qui présente de nombreux avantages potentiels, mais également des risques.

Avantages :

1. Synergies : Les deux entreprises pourraient réaliser des économies d'échelle et des synergies en termes de coûts d'exploitation, de technologie, de ressources humaines, de marketing, de distribution, etc.

2. Accès à de nouveaux marchés : Chaque entreprise pourrait avoir accès à de nouveaux marchés qui étaient auparavant plus difficiles à atteindre. Par exemple, l'un pourrait avoir une forte présence dans une région géographique où l'autre est moins présente.

3. Diversification : Si les entreprises opèrent dans des secteurs légèrement différents, la fusion peut conduire à une diversification du portefeuille d'activités, ce qui pourrait réduire les risques globaux.

4. Ressources financières accrues : Une plus grande entreprise peut avoir accès à plus de capitaux pour financer de nouvelles initiatives et investissements.

5. Amélioration des capacités de négociation : Une entreprise plus grande et plus puissante peut avoir un meilleur pouvoir de négociation avec les fournisseurs, les distributeurs et les partenaires.

Risques :

1. Échec de l'intégration : Fusionner deux entreprises peut être un processus complexe et délicat. Il peut y avoir des défis culturels, organisationnels, technologiques, etc.

2. Résistance interne : Les employés peuvent résister au changement, ce qui peut affecter la morale et la productivité.

3. Surévaluation : L'une ou l'autre entreprise pourrait être surévaluée lors de l'échange d'actions, ce qui pourrait entraîner une perte de valeur pour les actionnaires.

4. Problèmes de gouvernance : Il peut y avoir des conflits entre les équipes de direction des deux entreprises sur la façon de gérer la nouvelle entité.

5. Réglementation : Des problèmes peuvent survenir en matière de conformité réglementaire, notamment en ce qui concerne le droit de la concurrence.

Pour se prémunir contre ces risques, les entreprises devraient mener une diligence raisonnable approfondie, mettre en place une équipe de gestion du changement, communiquer ouvertement et régulièrement avec les employés et les parties prenantes, et obtenir des conseils juridiques et financiers appropriés.

Voici quelques livres qui pourraient être utiles sur ce sujet :

- "Mergers, Acquisitions, and Other Restructuring Activities" par Donald DePamphilis.
- "Mergers and Acquisitions Playbook: Lessons from the Middle-Market Trenches" par Mark A. Filippell.
- "Mergers and Acquisitions Strategy for Consolidations" par Sam Thompson.

continue

Complémentairement, pour aider à la réussite de ce type de fusion, il peut être bénéfique de tenir compte des points suivants :

Avantages supplémentaires :

1. Partage des connaissances et des talents : La fusion peut permettre un échange de connaissances précieuses et un enrichissement des talents.
2. Renforcement de la crédibilité et de la réputation : La nouvelle entité peut bénéficier d'une amélioration de sa position sur le marché, de sa crédibilité et de sa réputation.
3. Élimination de la concurrence : Si les deux entreprises sont dans le même secteur, la fusion peut éliminer un concurrent.

Risques supplémentaires :

1. Coûts de transaction : Les coûts associés à la fusion peuvent être élevés, y compris les frais juridiques, financiers et administratifs.
2. Dette et responsabilité : Si l'une des entreprises a une dette importante ou d'autres responsabilités financières, cela pourrait devenir un fardeau pour la nouvelle entité.
3. Dilution des actions : Les actionnaires actuels pourraient voir la valeur de leurs actions diminuer si l'échange d'actions n'est pas géré correctement.
4. Problèmes d'identité de marque : La fusion pourrait créer une confusion sur le marché et parmi les clients si les deux marques étaient auparavant très distinctes.

Pour plus de ressources, voici deux autres ouvrages sur le sujet des fusions et acquisitions :

- "Applied Mergers and Acquisitions" par Robert F. Bruner. Ce livre fournit une analyse complète des décisions stratégiques et financières dans les fusions et acquisitions.
- "The Art of M&A, Fourth Edition: A Merger Acquisition Buyout Guide" par Stanley Foster Reed et Alexandra Lajoux. Il offre une vue d'ensemble du processus de fusion et d'acquisition, y compris l'évaluation, la stratégie, la structure et la mise en œuvre.

Encore une fois, il est important de noter que chaque fusion est unique, et il est essentiel d'obtenir des conseils d'experts lors de l'entreprise de ces initiatives complexes.

3.10.2.3 Quel est le pourcentage de fusions ou acquisitions d'entreprises qui échouent dans les 5 premières années, et quelles sont les raisons d'échec les plus fréquentes ?

Selon différentes études, le taux d'échec des fusions et acquisitions (M&A) varie généralement entre 50% et 80% dans les cinq ans. Il est important de noter que la définition de l'"échec" peut varier : pour certains, c'est lorsque l'acquisition n'atteint pas les objectifs financiers prévus, pour d'autres, c'est lorsque l'entité acquise est vendue ou scindée.

Les raisons de ces échecs sont multiples, mais certaines sont particulièrement courantes :

1. Mauvaise intégration culturelle : Les différences culturelles entre les deux entreprises peuvent entraîner des conflits et des problèmes de communication, nuisant à l'efficacité de l'entreprise fusionnée.
2. Échec de la réalisation des synergies prévues : Les économies de coûts et autres avantages prévus de la fusion peuvent ne pas se matérialiser, soit parce qu'ils étaient surestimés, soit à cause de problèmes d'exécution.
3. Surévaluation : L'entreprise acquise peut être surévaluée, ce qui signifie que l'acquéreur a payé trop cher et peut ne pas être en mesure de récupérer son investissement.
4. Négligence de la due diligence : Si l'entreprise acquérante ne réalise pas une due diligence suffisante, elle peut être surprise par des problèmes non découverts pendant le processus d'acquisition, tels que des problèmes financiers cachés, des problèmes juridiques ou des problèmes opérationnels.
5. Mauvaise gestion du changement : Une fusion ou une acquisition implique souvent des changements majeurs dans l'organisation et le fonctionnement de l'entreprise. Si ces changements ne sont pas bien gérés, cela peut entraîner une résistance de la part des employés, une baisse de la productivité et d'autres problèmes.
6. Problèmes de leadership : Si les dirigeants de l'entreprise acquéreuse et de l'entreprise acquise ne peuvent pas travailler ensemble efficacement, cela peut entraver la réussite de la fusion.

Il est important de noter que même si une fusion ou une acquisition échoue, cela ne signifie pas nécessairement qu'elle a été une mauvaise idée en soi. Dans certains cas, des leçons précieuses peuvent être tirées de l'échec, qui peuvent être utilisées pour améliorer les futures initiatives de fusion et d'acquisition.

Que veut dire « Due diligence » ? Citer des adresses de pages Web contenant des articles sur de tels échecs.

La "due diligence", ou diligence raisonnable en français, est un processus d'investigation approfondie mené par une entreprise (ou un investisseur) avant de signer un contrat, particulièrement en matière de fusions et acquisitions. Il s'agit de vérifier l'exactitude des informations présentées par l'autre partie et d'identifier d'éventuels risques ou problèmes. La due diligence peut couvrir de nombreux domaines, dont les finances, le droit, les ressources humaines, l'environnement, etc.

Pour des articles sur les échecs de fusions et acquisitions, vous pouvez consulter les liens suivants :

1. Harvard Business Review : "Why Mergers Fail"
   URL : https://hbr.org/2011/03/why-mergers-fail
2. Forbes : "Why Do Mergers & Acquisitions Fail So Often?"
   URL : https://www.forbes.com/sites/forbesfinancecouncil/2020/02/20/why-do-mergers-and-acquisitions-fail-so-often/
3. Investopedia : "Top 5 M&A Deal Disasters"
   URL : https://www.investopedia.com/articles/financial-theory/08/merger-acquisition-disasters.asp
4. The Balance Careers : "Top Reasons Mergers and Acquisitions Fail"
   URL : https://www.thebalancecareers.com/top-reasons-mergers-and-acquisitions-fail-2275342
5. M&A Leadership Council : "The Real Reasons M&A Deals Fail"
   URL : https://www.macouncil.org/blog/2017/08/22/the-real-reasons-ma-deals-fail

Veuillez noter que ces articles sont en anglais. Les articles en français sur le même sujet peuvent être trouvés avec une recherche appropriée.

3.10.3 Absorption d'une banques d'affaires par une autre banque d'affaires

3.10.3.1 Quels sont les risques d'échec dans l'absorption d'une banque d'affaires par une autre banque d'affaires ? Quelle est le pourcentage d'échecs de ce genre d'opération dans les 5 ans ? Citer des exemples de pages Web rapportant de tels échecs.

Dans le cadre de l'absorption d'une banque d'affaires par une autre, plusieurs risques spécifiques peuvent contribuer à l'échec de l'opération :

1. Réglementation et conformité : Les banques sont des entités fortement réglementées. L'intégration de deux banques peut être compliquée par des problèmes de conformité réglementaire.
2. Systèmes technologiques : L'intégration des systèmes technologiques de deux banques peut être un défi majeur. Si cela est mal géré, cela peut entraîner des problèmes de service à la clientèle, de sécurité des données, etc.
3. Culture d'entreprise : Les banques d'affaires ont souvent des cultures d'entreprise fortement enracinées. Les différences culturelles peuvent provoquer des conflits et des problèmes d'intégration.
4. Evaluation des actifs : Les actifs des banques peuvent être difficiles à évaluer correctement. Une mauvaise évaluation peut entraîner une surévaluation ou une sous-évaluation lors de l'achat.
5. Résistance des clients : Les clients peuvent résister au changement, notamment si la qualité du service change ou si les produits offerts ne répondent pas à leurs besoins.

Comme pour les autres types de fusions et acquisitions, le taux d'échec est assez élevé. Bien que je n'aie pas accès à des statistiques spécifiques sur les fusions de banques d'affaires, le taux d'échec pour les fusions et acquisitions en général est souvent estimé entre 50% et 80%.

Pour des exemples d'échecs de fusions de banques, vous pouvez consulter les liens suivants :

1. Investopedia : "The Biggest Mergers That Didn't Happen"
   URL : https://www.investopedia.com/articles/investing/102714/biggest-mergers-didnt-happen.asp
2. Financial Times : "Why do so many mergers fail?"
   URL : https://www.ft.com/content/f34b23e2-7707-11e3-807e-00144feabdc0
3. Bloomberg : "Bank Mergers: Why Don't Some Work?"
   URL : https://www.bloomberg.com/news/articles/1998-07-19/bank-mergers-why-dont-some-work-intl-edition

Veuillez noter que ces articles sont en anglais. Les articles en français sur le même sujet peuvent être trouvés avec une recherche appropriée.

3.11 Physique, chimie, biologie moléculaire

3.11.1 Physique atomique

3.11.1.1 Lister les éléments super-lourds avec leurs durées de vie

Les éléments super-lourds sont des éléments chimiques avec des numéros atomiques supérieurs à 104 (Rutherfordium). Ces éléments sont généralement synthétisés dans des laboratoires et ont des demi-vies très courtes, ce qui signifie qu'ils se désintègrent rapidement en éléments plus légers. En voici quelques-uns, avec leurs demi-vies typiques à la date de dernière mise à jour en septembre 2021:

104 - Rutherfordium (Rf) : quelques heures à plus d'un an, selon l'isotope
105 - Dubnium (Db) : de quelques secondes à plusieurs minutes
106 - Seaborgium (Sg) : de quelques secondes à plusieurs minutes
107 - Bohrium (Bh) : de quelques secondes à une minute
108 - Hassium (Hs) : quelques secondes
109 - Meitnerium (Mt) : quelques millisecondes à quelques secondes
110 - Darmstadtium (Ds) : quelques millisecondes à quelques secondes
111 - Roentgenium (Rg) : quelques millisecondes
112 - Copernicium (Cn) : quelques secondes à quelques minutes
113 - Nihonium (Nh) : quelques millisecondes à 20 secondes
114 - Flerovium (Fl) : quelques secondes à 2 minutes
115 - Moscovium (Mc) : quelques centaines de millisecondes
116 - Livermorium (Lv) : quelques millisecondes
117 - Tennessine (Ts) : quelques millisecondes à une demi-seconde
118 - Oganesson (Og) : moins d'un milliseconde à une demi-seconde

Ces temps de demi-vie sont très approximatifs, car ils peuvent varier considérablement en fonction de l'isotope spécifique de chaque élément. De plus, ces éléments sont souvent produits en quantités extrêmement petites, ce qui rend difficile la mesure précise de leur demi-vie.

Il est également important de noter que d'autres éléments au-delà de 118 ont été synthétisés dans des laboratoires, mais ils n'ont pas encore été officiellement nommés ou leurs propriétés précisément caractérisées à ma dernière date de mise à jour en septembre 2021.

3.11.1.2 Qu'est-ce qu'une particule alpha? et une particule bêta?

Cette recherche a utilisé successivement ChatGPT-4 (une fois) et Bing (deux fois)
Une particule alpha est une particule subatomique qui consiste en deux protons et deux neutrons. Elle est identique au noyau d'un atome d'hélium-4. Les particules alpha sont souvent émises lors de réactions nucléaires ou de désintégration radioactive.

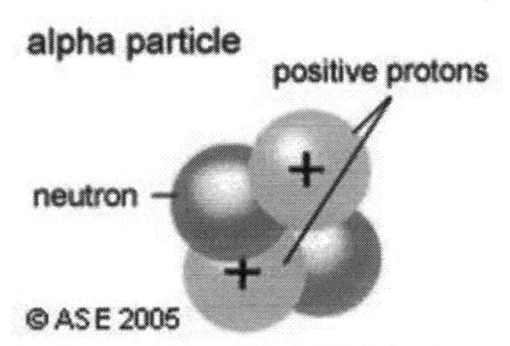

Particule alpha (licence Bing - CC - ABPI Schools – www.tes.com)

Une particule bêta, en revanche, peut se référer à l'un des deux types de particules subatomiques : une particule bêta moins (-) ou une particule bêta plus (+).

- Une particule bêta moins est un électron de haute énergie émis lors de la désintégration radioactive bêta, où un neutron dans un noyau atomique est transformé en un proton, un électron et un antineutrino électronique.

- Une particule bêta plus est un positron, l'antiparticule de l'électron. Lors de la désintégration bêta plus, un proton est converti en un neutron, un positron et un neutrino électronique.

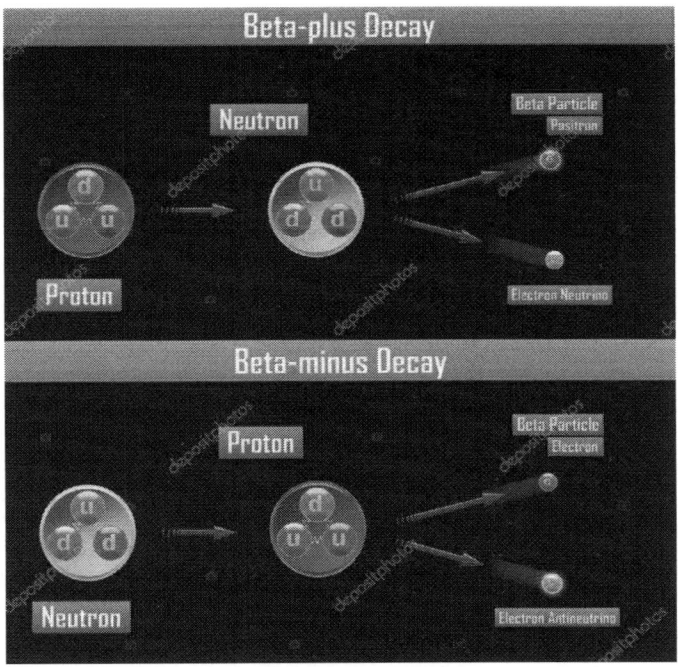

Désintégrations bêta (licence Bing – CC)

Dans les deux types de désintégration bêta, la somme des charges électriques avant et après la désintégration reste la même, respectant ainsi la loi de conservation de la charge.

3.11.1.3 Dans les niveaux d'énergie des atomes il existe une structure fine et une structure hyperfine. Définir ces trois niveaux et résumer les étapes historiques de leur découverte

La structure des niveaux d'énergie dans un atome est généralement analysée en termes de trois niveaux distincts : la structure grossière, la structure fine et la structure hyperfine.

1. Structure grossière : Elle est la plus simple à comprendre et a été la première à être découverte. Cette structure est déterminée par les nombres quantiques principaux et azimutaux, qui définissent respectivement le niveau d'énergie principal de l'électron (n) et le moment angulaire orbital (l). La découverte de la structure grossière est généralement attribuée à Niels Bohr avec son modèle atomique en 1913.

2. Structure fine : C'est une division plus petite de la structure grossière due à l'interaction spin-orbite, qui est l'interaction entre le moment angulaire de l'électron dû à son mouvement autour du noyau (orbite) et son moment angulaire intrinsèque (spin). Cela entraîne des décalages dans l'énergie des niveaux d'énergie atomiques qui sont perceptibles dans le spectre de l'atome. La structure fine a été décrite pour la première fois par Arnold Sommerfeld en 1916, qui a étendu le modèle de Bohr pour inclure ces interactions.

3. Structure hyperfine : Elle se réfère à des décalages encore plus petits des niveaux d'énergie due à l'interaction entre le spin de l'électron et le spin du noyau atomique. C'est une correction supplémentaire à la structure fine. La structure hyperfine est généralement observée dans des expériences de haute précision, comme le fameux effet Zeeman hyperfin. La structure hyperfine a été prédite par la théorie quantique et confirmée expérimentalement au cours du XXe siècle.

L'évolution historique de notre compréhension de la structure atomique, de la structure grossière à la structure hyperfine, est un excellent exemple de la manière dont notre compréhension de la physique fondamentale s'est affinée au fil du temps.

3.11.1.4 En physique, quelles sont les différences entre les effets Lamb et Lamm ? Donner une réponse détaillée avec des exemples et des adresses de pages Web

Réponse de » ChatGPT-4 :
Je m'excuse pour la confusion, mais il semble qu'il y ait une erreur dans votre question. Le "Effet Lamb" est bien connu en physique, mais au moment de ma dernière mise à jour en septembre 2021, il n'y avait pas de "Effet Lamm" reconnu en physique.

L'effet Lamb, nommé d'après le physicien Willis Lamb, fait référence à une différence dans l'énergie de deux niveaux d'énergie dans un atome d'hydrogène, plus précisément une différence infime mais mesurable entre deux niveaux d'énergie de l'état 2S1/2 et l'état 2P1/2. Cela a été mesuré pour la première fois dans les années 1940, et a conduit à des ajustements dans la théorie quantique pour tenir compte de ces résultats. […]

Réponse de Bing Chat :
L'effet Lamb et l'effet Lamm sont deux effets différents en physique. L'effet Lamb est le dédoublement de certaines raies d'émission qui ne s'expliquent que par les fluctuations d'énergie du vide. On suppose en effet des créations de photons virtuels, provenant de fluctuations du vide, apparaissant et disparaissant en permanence, sans qu'on ait la possibilité de les observer, mais qui laissent une trace perturbatoire envers les photons réels (que l'on peut observer).

L'effet Lamm quant à lui est un effet de diffusion inélastique de neutrons par des molécules diatomiques. Il est utilisé pour étudier la dynamique moléculaire et la structure des molécules diatomiques. Vous pouvez trouver plus d'informations sur ces effets sur les pages suivantes :

- Énigme de l'antimatière : le Cern sur sa piste avec le décalage de Lamb dans l'antihydrogène - https://www.futura-sciences.com/sciences/actualites/physique-enigme-antimatiere-cern-piste-decalage-lamb-antihydrogene-37515/
- L'effet Lamm est un effet de diffusion inélastique de neutrons par des molécules diatomiques. Il est utilisé pour étudier la dynamique moléculaire et la structure des molécules diatomiques. Vous pouvez trouver plus d'informations sur cet effet sur les pages suivantes :
    - « Diffusion inélastique de neutrons » - https://toutestquantique.fr/diffusion-inelastique-de-neutrons/

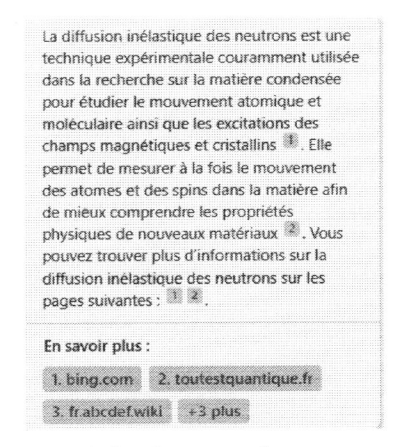

> La diffusion inélastique des neutrons est une technique expérimentale couramment utilisée dans la recherche sur la matière condensée pour étudier le mouvement atomique et moléculaire ainsi que les excitations des champs magnétiques et cristallins [1]. Elle permet de mesurer à la fois le mouvement des atomes et des spins dans la matière afin de mieux comprendre les propriétés physiques de nouveaux matériaux [2]. Vous pouvez trouver plus d'informations sur la diffusion inélastique des neutrons sur les pages suivantes : [1] [2].
>
> En savoir plus :
> 1. bing.com   2. toutestquantique.fr
> 3. fr.abcdef.wiki   +3 plus

A quelle date et par qui l'effet Lamm a-t-il été découvert?

L'effet Lamm a été découvert par Rudolf Lamm en 1966. Cet effet est un phénomène de diffusion de la lumière par des particules en mouvement.

Je n'ai pas pu trouver de page confirmant ces informations, ni avec Bing, ni avec Bing Chat, ni avec ChatGPT-4, ni avec Google. Donc méfiance…

3.11.2 Chimie

3.11.2.1 Qu'est-ce qu'un sesquioxyde? En donner des exemples avec leurs pages Web d'origine

Un sesquioxyde est une sorte de composé chimique qui contient trois atomes d'oxygène pour chaque deux atomes du composant non-oxygène. La formule générale est donc R2O3, où R représente le composant non-oxygène.

Quelques exemples de sesquioxydes incluent :

1. L'Aluminium Sesquioxyde (Al2O3) : C'est l'oxyde d'aluminium, plus communément connu sous le nom d'alumine. Il s'agit d'un composant majeur de la bauxite, utilisé dans la production d'aluminium.
   Information supplémentaire disponible ici :
   https://www.chemspider.com/Chemical-Structure.9983.html
2. Le Fer Sesquioxyde (Fe2O3) : C'est l'oxyde de fer(III), aussi connu sous le nom de rouille. Il est produit lorsque le fer est exposé à l'oxygène et à l'eau, donnant à la rouille sa couleur rougeâtre caractéristique.

Information supplémentaire disponible ici :
https://pubchem.ncbi.nlm.nih.gov/compound/518696

3. Le Scandium Sesquioxyde (Sc2O3) : Il est utilisé dans la production de lampes à haute intensité, de lasers et d'autres applications optiques.
Information supplémentaire disponible ici :
https://www.chemspider.com/Chemical-Structure.24593.html

Chaque composé a des propriétés uniques en fonction de l'élément non-oxygène qu'il contient, mais ils partagent tous la caractéristique commune d'avoir trois atomes d'oxygène pour chaque *(paire d')* deux atomes de l'élément non-oxygène.

En chimie qu'est-ce qu'un radical? Donner des exemples avec leurs pages source Web

Un radical, aussi appelé radical libre, est une espèce chimique qui possède un ou plusieurs électrons non appariés, ce qui le rend généralement très réactif. Les radicaux peuvent être formés à partir d'atomes, de molécules ou d'ions. Ils jouent un rôle clé dans de nombreux processus chimiques, notamment dans les réactions d'oxydation, la polymérisation, la catalyse, l'atmosphère, les processus biologiques, etc.

Voici quelques exemples de radicaux libres :

1. Radical hydroxyle (•OH) : Il est l'un des radicaux les plus réactifs et est souvent impliqué dans les réactions d'oxydation en chimie atmosphérique et en biochimie.
Information supplémentaire disponible ici :
https://pubchem.ncbi.nlm.nih.gov/compound/Hydroxyl-radical

2. Radical méthyle (•CH3) : Il est souvent impliqué dans les réactions de formation de plus grandes molécules organiques.
Information supplémentaire disponible ici :
https://pubchem.ncbi.nlm.nih.gov/compound/Methyl-radical

3. Radical superoxyde (O2•-) : C'est un produit courant du métabolisme cellulaire et est l'un des principaux radicaux libres produits dans les cellules vivantes. Il est impliqué dans de nombreux processus biologiques, notamment le stress oxydatif.
Information supplémentaire disponible ici :
https://pubchem.ncbi.nlm.nih.gov/compound/Superoxide

La réactivité des radicaux libres les rend à la fois utiles et potentiellement dangereux. Par exemple, ils sont essentiels pour la vie dans des processus tels que la signalisation cellulaire et la défense immunitaire. Cependant, un déséquilibre dans la production et l'élimination des radicaux libres peut entraîner ce que l'on appelle le "stress oxydatif", qui est lié à de nombreuses maladies.

Peut-on dire que le composé R cité dans la question précédente est un radical?

Non, le "R" mentionné dans la question précédente concernant les sesquioxydes n'est pas un radical. Dans ce contexte, "R" est utilisé comme une variable pour représenter n'importe quel élément ou groupe d'éléments chimiques. Il est couramment utilisé en chimie pour indiquer une portion variable de la molécule.

En chimie organique, par exemple, "R" est souvent utilisé pour représenter un groupe alkyle, qui est un groupe d'atomes dérivé d'un alcane en enlevant un atome d'hydrogène. Mais ce n'est pas un radical, à moins qu'il n'ait un électron non apparié, ce qui n'est généralement pas le cas lorsqu'on utilise "R" pour représenter un groupe générique dans une structure chimique.

C'est une bonne question, car cela souligne à quel point le contexte est important lors de l'interprétation des symboles en chimie.

3.11.3 Utilisation de l'IA en biologie moléculaire

Source : « L'IA va accélérer les avancées scientifiques » Pour la Science, mai 2023

> *« Il existe un adage ancien en biologie : « La structure détermine la fonction ». Pour comprendre la fonction de la myriade de protéines qui jouent un rôle vital dans un organisme sain – ou qui présentent des dysfonctionnements dans un organisme malade – les scientifiques doivent d'abord déterminer la structure moléculaire de ces protéines. Mais ce n'est pas une mince affaire : les molécules constitutives des protéines forment de longues chaînes sinueuses comprenant jusqu'à des milliers d'acides aminés, des composés chimiques qui peuvent interagir les uns avec les autres de nombreuses manières pour adopter une multitude de configurations tridimensionnelles possibles. Déterminer la structure d'une seule protéine, ou résoudre le « problème du pliage des protéines », exige parfois des années d'expériences délicates.*
>
> *Mais en 2021, un programme d'intelligence artificielle appelé AlphaFold, mis au point par DeepMind, une société appartenant à Alphabet (société mère de Google), a prédit les structures tridimensionnelles de presque toutes les protéines connues, soit environ 200 millions au total. Cette réalisation ouvre la voie à des applications allant de l'amélioration de notre compréhension de la biologie moléculaire de base à l'accélération du développement de médicaments. »*

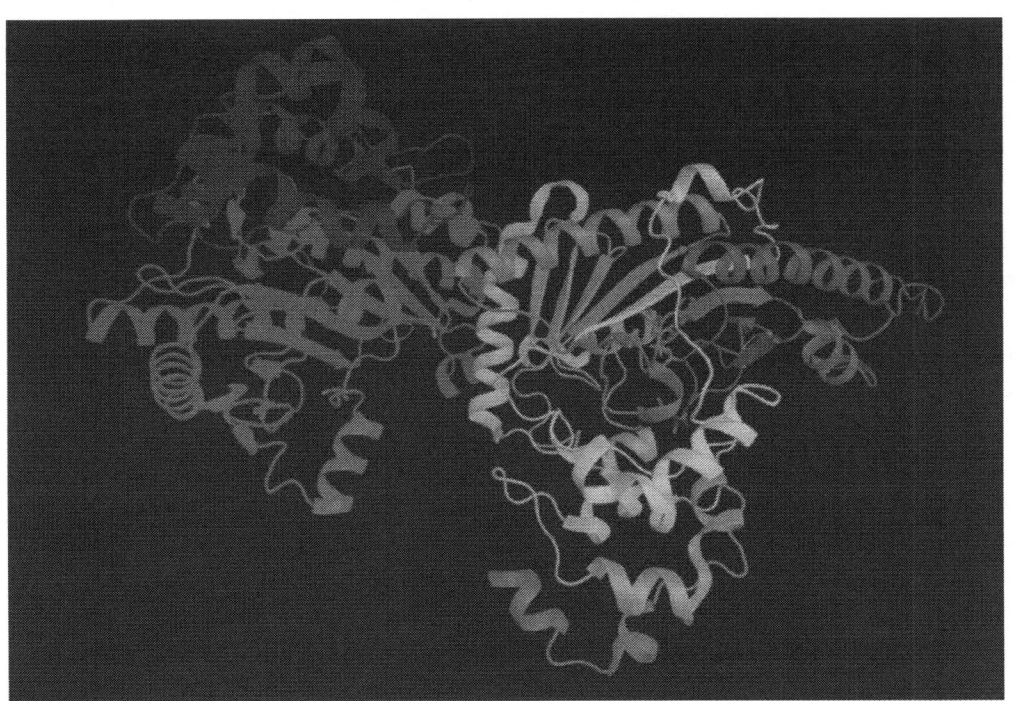

Structure tridimensionnelle de la créatine kinase, une enzyme – Prédiction IA AlphaFold
M. Eisenstein, « AI-enhanced protein design makes proteins that have never existed », Nature, 2023
https://www.nature.com/articles/s41587-023-01705-y

Il est important de comprendre que cette détermination a été réalisée automatiquement par l'IA faible de AlphaFold, sans recherche expérimentale.
L'IA a fait plus qu'économiser du temps, elle a rendu possibles des connaissances qui auraient été trop chères à acquérir sans elle, notamment des médicaments.
Voir aussi, plus bas : « L'IA en tant qu'outil de recherches en biologie ».

3.11.4 Conclusion : utilisation de l'IA pour prédire des évolutions physiques

Problèmes d'évolution physique d'un système

Source : « Comment le déterminisme régit toutes les lois de la physique » [6].

L'ouvrage [6] démontre les affirmations suivantes, surprenantes pour certains.

- *Une situation physique donnée évolue toujours selon la même loi d'évolution.*
- *La nature ne fait jamais n'importe quoi : le hasard n'existe pas, il n'est que la mesure de notre ignorance.*
- *En physique atomique, et seulement en physique atomique, une situation peut évoluer de plusieurs manières à la fois, produisant des résultats distribués selon une loi statistique déterministe définie en début d'évolution.*
- *La nature gère <u>toutes</u> les évolutions, quelle que soit la complexité de la situation initiale et le nombre de lois d'évolution partielles applicables. Elle dispose pour cela d'une logique procédurale.*

  L'adjectif « procédurale » s'oppose à « déclarative » pour décrire un raisonnement multi-étapes.
  - ✓ *Lorsque les étapes d'un raisonnement s'enchaînent séquentiellement, l'étape n étant suivie de l'étape n+1 quel que soit n, le raisonnement est dit « déclaratif » ;*
  - ✓ *Lorsque les étapes comprennent un ou plusieurs tests « Si… Alors… Sinon », une étape n peut être suivie d'une étape autre que n+1. Le raisonnement est alors dit « procédural ».*

  Les raisonnements procéduraux sont la base des algorithmes de calcul ou de prise de décision. Exemple simple d'un tel algorithme : calcul des racines réelles d'un polynôme du second degré ax^2+bx+c. On doit distinguer 3 cas, selon la valeur de $\Delta = b^2-4ac$: si $\Delta > 0$ il y a 2 racines, si $\Delta = 0$ il y a une racine double, si $\Delta < 0$ il n'y a pas de racine.

  Exemple d'évolution complexe : mouvement d'un bouchon flottant à la surface d'un torrent. Il faut appliquer plusieurs lois physiques simultanément pour le décrire, chaque loi s'appliquant seulement lorsque certaines conditions sont réunies.

Solutions de problèmes complexes utilisant l'intelligence artificielle

L'exemple de biologie moléculaire précédent illustre le caractère insurmontable de la détermination par raisonnement et calcul de la solution de certains problèmes. L'IA permet alors de trouver des solutions sans raisonner ou calculer, si on a pu fournir au préalable au logiciel d'IA un certain nombre de couples {situation initiale, résultat d'évolution}. Le logiciel qui s'est « entraîné » sur ces cas particuliers peut prédire des solutions avec d'autant plus de précision que le nombre de couples était important.

C'est ainsi qu'il a appris à s'exprimer en français correct lorsqu'il génère un texte en réponse à une question. A force d'étudier des dizaines de milliers de textes français, il a appris que telle unité lexicale est suivie par telle autre avec telle probabilité [2].

3.12   Philosophie

Cette section teste l'utilisation d'outils d'IA comme ChatGPT-4 ou Bing pour obtenir des synthèses philosophiques de publications sur un sujet donné comme l'existence de Dieu ou les doctrines morales.

3.12.1 Tests avec ChatGPT-4

3.12.1.1 Raisonnement de Kant sur la possibilité de démontrer l'existence de Dieu

Immanuel Kant (1724-1804), philosophe allemand, a abordé la question de la possibilité de démontrer l'existence de Dieu dans son œuvre majeure, la Critique de la raison pure (1781). Kant a examiné les arguments traditionnels en faveur de l'existence de Dieu et a conclu qu'aucun d'entre eux n'était suffisant pour établir cette existence de manière définitive.

Kant a analysé trois arguments principaux pour prouver l'existence de Dieu :

1. L'argument ontologique : Cet argument, formulé à l'origine par Anselme de Canterbury, affirme que Dieu, en tant qu'être parfait et suprême, doit nécessairement exister, car l'existence fait partie de la perfection.

    Kant rejette cet argument, affirmant que l'existence n'est pas une propriété ou une qualité qui peut être ajoutée à un concept. Pour Kant, l'argument ontologique confond la logique et la réalité, car il suppose que l'existence est une qualité comme les autres, alors qu'elle est plutôt une condition préalable pour qu'un être possède des qualités.

2. L'argument cosmologique : Cet argument soutient que tout a une cause, et puisque la chaîne causale ne peut pas remonter à l'infini, il doit y avoir une cause première, qui est Dieu.

    Kant critique cet argument en affirmant que la notion de causalité est issue de l'expérience et ne peut être appliquée au-delà de celle-ci. De plus, il soutient que l'idée d'une cause première repose sur la notion de nécessité, qui, selon lui, est liée à l'argument ontologique et souffre des mêmes problèmes.

3. L'argument téléologique : Cet argument, également connu sous le nom d'argument du dessein, soutient que la complexité et l'ordre observés dans l'univers sont la preuve de l'existence d'un être intelligent et créateur.

    Kant reconnaît que cet argument est le plus convaincant des trois, mais il affirme qu'il ne peut établir l'existence de Dieu de manière définitive. Selon Kant, l'argument téléologique repose sur des analogies entre les objets naturels et les objets fabriqués par l'homme, ce qui n'est pas suffisant pour prouver l'existence d'un créateur divin.

En fin de compte, Kant soutient que la raison humaine ne peut pas démontrer l'existence de Dieu de manière définitive, car les arguments en faveur de cette existence reposent sur des concepts et des principes qui ne peuvent être appliqués au-delà de l'expérience sensible. Selon Kant, la question de l'existence de Dieu relève de la sphère de la foi et de la métaphysique, et non de la raison pure.

Quelles sont les étapes du raisonnement personnel de Kant concernant l'existence de Dieu?

Immanuel Kant n'a pas proposé un raisonnement personnel pour prouver ou réfuter l'existence de Dieu de manière directe, mais il a développé une approche critique pour évaluer les arguments existants en faveur de l'existence de Dieu. En outre, il a développé une conception morale de Dieu et a intégré cette idée dans son système éthique. Voici quelques étapes clés du raisonnement de Kant concernant l'existence de Dieu :

1. Critique des preuves traditionnelles : Comme mentionné précédemment, Kant a examiné les arguments ontologique, cosmologique et téléologique en faveur de

l'existence de Dieu et a conclu que ces arguments étaient insuffisants pour établir l'existence de Dieu de manière définitive.

2. Limites de la connaissance humaine : Kant soutient que la connaissance humaine est limitée par les conditions de l'expérience sensible. Les catégories de la raison, telles que la causalité et la nécessité, ne peuvent être appliquées qu'aux phénomènes, c'est-à-dire aux objets de l'expérience. Dieu, étant un objet de la métaphysique, ne peut être connu par l'expérience et, par conséquent, ne peut être prouvé ou réfuté par la raison pure.

3. Distinction entre phénomènes et noumènes : Kant distingue entre les phénomènes, qui sont les objets de l'expérience, et les noumènes, qui sont les objets tels qu'ils sont en soi, indépendamment de notre perception. La raison ne peut connaître que les phénomènes, et non les noumènes. Dieu est considéré comme un noumène, donc hors de portée de la connaissance humaine directe.

4. La conception morale de Dieu : Bien que Kant rejette les preuves traditionnelles de l'existence de Dieu, il propose une conception morale de Dieu fondée sur la loi morale et la liberté humaine. Selon Kant, la loi morale, qui est inscrite en chaque individu, exige que nous agissions selon des principes universels. Cette loi morale implique l'existence d'un législateur moral suprême, c'est-à-dire Dieu.

5. Postulats de la raison pratique : Dans sa Critique de la raison pratique (1788), Kant soutient que l'existence de Dieu, ainsi que l'immortalité de l'âme et la liberté, sont des postulats de la raison pratique. Ces postulats ne peuvent être prouvés ou réfutés par la raison pure, mais ils sont nécessaires pour donner un sens à notre engagement moral et à notre aspiration à la vertu et au bonheur.

En somme, Kant ne propose pas un raisonnement personnel direct pour prouver l'existence de Dieu, mais il incorpore l'idée de Dieu dans son système éthique en tant que postulat de la raison pratique. Pour Kant, l'existence de Dieu est une question de foi et de conviction morale, et non une question qui peut être tranchée par la raison pure.

Selon Kant, l'existence de Dieu peut-elle être prouvée par un raisonnement de logique pure?

Selon Kant, l'existence de Dieu ne peut pas être prouvée par un raisonnement de logique pure. Dans sa Critique de la raison pure, Kant examine les arguments traditionnels en faveur de l'existence de Dieu et conclut qu'aucun d'entre eux n'est suffisant pour établir l'existence de Dieu de manière définitive.

Kant considère que l'argument ontologique, qui est souvent présenté comme un raisonnement de logique pure, est défectueux. L'argument ontologique, proposé à l'origine par Anselme de Canterbury, soutient que Dieu, en tant qu'être parfait, doit nécessairement exister, car l'existence fait partie de la perfection. Kant rejette cet argument en affirmant que l'existence n'est pas une propriété ou une qualité qui peut être ajoutée à un concept. Pour lui, l'argument ontologique confond les conditions de la pensée et les conditions de l'existence, car il suppose que l'existence est une qualité comme les autres.

Kant soutient également que la raison humaine est limitée par les conditions de l'expérience sensible, et que les catégories de la raison, telles que la causalité et la nécessité, ne peuvent être appliquées qu'aux phénomènes, c'est-à-dire aux objets de l'expérience. Dieu, étant un objet de la métaphysique, ne peut être connu par l'expérience et, par conséquent, ne peut être prouvé ou réfuté par la raison pure ou la logique pure.

En fin de compte, pour Kant, la question de l'existence de Dieu relève de la sphère de la foi et de la métaphysique, et non de la raison pure ou de la logique pure.

Selon Kant, l'existence de Dieu peut-elle résulter d'une loi de la nature?

Selon Kant, l'existence de Dieu ne peut pas être prouvée en se basant sur une loi de la nature. Dans la Critique de la raison pure, Kant examine les preuves traditionnelles de l'existence de Dieu, y compris l'argument cosmologique et l'argument téléologique, qui sont tous deux liés aux lois de la nature.

L'argument cosmologique postule que tout a une cause et, puisque la chaîne causale ne peut pas remonter à l'infini, il doit y avoir une cause première, qui est Dieu. Kant critique cet argument en soulignant que la notion de causalité est issue de l'expérience et ne peut être appliquée au-delà de celle-ci. En outre, il soutient que l'idée d'une cause première repose sur la notion de nécessité, qui est liée à l'argument ontologique et souffre des mêmes problèmes.

L'argument téléologique, ou l'argument du dessein, soutient que la complexité et l'ordre observés dans l'univers sont la preuve de l'existence d'un être intelligent et créateur. Bien que Kant reconnaisse que cet argument est le plus convaincant des trois, il estime qu'il ne peut établir l'existence de Dieu de manière définitive. Selon Kant, l'argument téléologique repose sur des analogies entre les objets naturels et les objets fabriqués par l'homme, ce qui n'est pas suffisant pour prouver l'existence d'un créateur divin.

Kant soutient que la connaissance humaine est limitée par les conditions de l'expérience sensible, et que les catégories de la raison, telles que la causalité et la nécessité, ne peuvent être appliquées qu'aux phénomènes, c'est-à-dire aux objets de l'expérience. Dieu, en tant qu'objet de la métaphysique, ne peut être connu par l'expérience et, par conséquent, ne peut être prouvé ou réfuté sur la base des lois de la nature.

Ainsi, selon Kant, l'existence de Dieu ne peut pas résulter d'une loi de la nature, car les arguments basés sur les lois de la nature sont insuffisants pour établir l'existence de Dieu de manière définitive. Pour Kant, la question de l'existence de Dieu relève de la foi et de la métaphysique, et non de la raison pure.

Selon Kant, l'existence de Dieu peut-elle résulter de celle d'un phénomène, c'est-à-dire d'une constatation physique?

Selon Kant, l'existence de Dieu ne peut pas être prouvée en se basant sur un phénomène, c'est-à-dire sur une constatation physique. Kant soutient que la connaissance humaine est limitée par les conditions de l'expérience sensible, et que les catégories de la raison, telles que la causalité et la nécessité, ne peuvent être appliquées qu'aux phénomènes, c'est-à-dire aux objets de l'expérience.

Dieu, en tant qu'objet de la métaphysique, est considéré par Kant comme un noumène, c'est-à-dire un objet tel qu'il est en soi, indépendamment de notre perception. Les noumènes sont hors de portée de la connaissance humaine directe et ne peuvent pas être connus par l'expérience. Par conséquent, l'existence de Dieu ne peut pas être prouvée ou réfutée sur la base d'un phénomène ou d'une constatation physique.

Dans la Critique de la raison pure, Kant examine les preuves traditionnelles de l'existence de Dieu, notamment l'argument cosmologique et l'argument téléologique, qui sont tous deux liés aux phénomènes observés dans la nature. Cependant, Kant conclut que ces arguments sont insuffisants pour établir l'existence de Dieu de manière définitive.

Ainsi, selon Kant, l'existence de Dieu ne peut pas résulter de la constatation d'un phénomène ou d'une observation physique. La question de l'existence de Dieu relève, pour Kant, de la foi et de la métaphysique, et non de la raison pure ou de l'expérience sensible.

Peut-on démontrer que l'Univers n'a pas été créé par Dieu ?

En tant qu'IA, je n'ai pas de croyances personnelles, mais je peux vous donner un aperçu des différents points de vue sur cette question. Il est important de noter que la question de l'existence de Dieu et de son rôle dans la création de l'Univers est une question philosophique et théologique plutôt que scientifique.

D'un point de vue scientifique, on ne peut ni prouver ni réfuter l'existence de Dieu ou son rôle dans la création de l'Univers. La science se concentre sur des preuves empiriques et des explications naturelles pour les phénomènes observés. Il y a de nombreuses théories scientifiques concernant l'origine et l'évolution de l'Univers, telles que la théorie du Big Bang, qui explique comment l'Univers a commencé à partir d'un point extrêmement chaud et dense. Cependant, ces théories ne prennent pas en compte la notion de Dieu.

D'un point de vue philosophique et théologique, il existe de nombreux arguments pour et contre l'existence de Dieu et son rôle dans la création de l'Univers. Certains philosophes et théologiens soutiennent que l'existence de Dieu ne peut être prouvée ou réfutée de manière définitive, tandis que d'autres pensent qu'il est possible de fournir des preuves solides pour ou contre l'existence de Dieu.

Dans tous les cas, il est important de reconnaître que les opinions sur l'existence de Dieu et son rôle dans la création de l'Univers varient en fonction des croyances et des convictions individuelles. Il appartient à chacun de réfléchir à cette question et de tirer ses propres conclusions.

Quelle est la différence entre les adjectifs transcendant et transcendantal?

En philosophie, les termes "transcendant" et "transcendantal" ont des significations spécifiques et distinctes, bien qu'ils soient souvent utilisés de manière interchangeable dans le langage courant.

Transcendant: C'est un adjectif qui est généralement utilisé pour décrire quelque chose qui va au-delà ou qui dépasse les limites normales de l'expérience ou du savoir. Par exemple, on pourrait dire que l'univers est "transcendant" parce qu'il dépasse notre compréhension ou notre expérience directe.

Transcendantal: Ce terme a une signification spécifique dans la philosophie, en particulier dans le travail d'Emmanuel Kant. Pour Kant, "transcendantal" ne signifie pas "aller au-delà", mais plutôt "concernant la manière dont nous connaissons les choses". Par exemple, pour Kant, un jugement transcendantal est un jugement sur la manière dont les objets sont connus par nous. C'est un concept plus complexe et spécifique que le simple fait de "dépasser" ou d'aller au-delà.

Dans le langage courant, cependant, "transcendant" et "transcendantal" sont souvent utilisés de manière interchangeable pour signifier "aller au-delà" ou "dépasser" les limites normales. Cependant, dans un contexte philosophique, ils ont des significations différentes et spécifiques.

3.12.1.2 Comparer la doctrine morale de Kant à l'utilitarisme

La doctrine morale de Kant et l'utilitarisme sont deux approches philosophiques distinctes de l'éthique. Les deux théories ont des différences fondamentales concernant la manière dont elles déterminent ce qui est moral ou immoral. Voici une comparaison des deux doctrines morales :

1. La base de la moralité :

- Kant : La doctrine morale de Kant, également connue sous le nom de déontologie, est basée sur le concept du devoir et de la raison. Kant soutient que la moralité repose sur le respect des règles ou des principes moraux absolus, qui doivent être suivis indépendamment des conséquences. Ces principes sont déterminés par la raison et sont appelés "impératifs catégoriques". L'impératif catégorique le plus célèbre est le principe selon lequel nous devons toujours traiter les autres comme une fin en soi et jamais seulement comme un moyen.

- Utilitarisme : L'utilitarisme, en revanche, est une approche conséquentialiste de l'éthique. Selon cette doctrine, la moralité d'une action dépend de ses conséquences. Une action est considérée comme morale si elle maximise le bonheur ou le bien-être pour le plus grand nombre de personnes. Les utilitaristes ne croient pas en des principes moraux absolus et inconditionnels, car ils estiment que la moralité d'une action doit être évaluée en fonction de ses conséquences réelles.

2. L'universalité :

- Kant : La déontologie kantienne stipule que les principes moraux doivent être universels et s'appliquer de la même manière à toutes les personnes et dans toutes les situations. Kant soutient que les principes moraux doivent être fondés sur la raison et qu'ils s'appliquent donc à tous les êtres rationnels.

- Utilitarisme : L'utilitarisme ne considère pas les principes moraux comme universels et inconditionnels. Au lieu de cela, la moralité d'une action dépend de la situation particulière et des conséquences qu'elle entraîne. Les utilitaristes cherchent à maximiser le bonheur global et à minimiser la souffrance, ce qui signifie que les actions morales peuvent varier en fonction des circonstances.

3. Les droits individuels et les règles morales :

- Kant : La déontologie kantienne accorde une importance particulière aux droits individuels et à l'autonomie des personnes. Selon Kant, les principes moraux doivent être respectés, même si cela entraîne des conséquences négatives pour certains individus. Les personnes ne doivent jamais être sacrifiées pour le bien-être d'autrui.

- Utilitarisme : L'utilitarisme ne se concentre pas sur les droits individuels ou les principes moraux absolus. Au lieu de cela, il cherche à maximiser le bonheur global, même si cela implique de sacrifier les droits ou les intérêts de certains individus. Les critiques de l'utilitarisme soutiennent souvent que cette approche peut justifier des actions immorales ou des violations des droits individuels si elles sont censées maximiser le bien-être global.

En résumé, la doctrine morale de Kant et l'utilitarisme diffèrent principalement dans leur approche de la moralité, de l'universalité et des droits individuels. Tandis que Kant croit en des principes moraux absolus et universels.

3.12.2 Quelques comparaisons avec Bing et Bing Chat

3.12.2.1 Comparer la doctrine morale de Kant à l'utilitarisme

Contrairement à l'exemple précédent avec ChatGPT-4, Bing ne crée pas une synthèse, il en propose une toute faite, celle de John Stephens https://fr.strephonsays.com/what-is-the-difference-between-kantianism-and-utilitarianism, traduite de l'anglais en français. Mais hélas, la qualité du français de la traduction laisse à désirer - au moins en matière de philosophie.

- Qu'est-ce que le kantianisme? *(kantisme)*
  Le kantisme est la théorie éthique proposée par le philosophe allemand Emmanuel Kant (1724-1804) dans le 18th *(18ème)* siècle. Selon lui, la moralité d'une action ne repose pas sur ses conséquences. Par conséquent, cette théorie appartient aux théories morales déontologiques. La déontologie ou les théories déontologiques sont celles qui se concentrent sur l'éthique impliquant la responsabilité, le devoir moral et l'engagement. Kant a postulé cette théorie pour donner des directives éthiques aux gens lorsqu'ils prennent des décisions ou des actions éthiques.

  Kant a expliqué que le devoir, la bonne volonté et la valeur morale sont essentiels pour déterminer la moralité d'une action. Plus important encore, il a souligné que le devoir devrait être l'aspect fondamental à prendre en compte lorsqu'on agissait. En outre, il a également expliqué que les êtres humains, en tant qu'êtres rationnels, devraient utiliser leur capacité de raisonnement ou leur pensée rationnelle pour prendre des décisions éthiques. Ainsi, il a décrit qu'une personne s'engagerait dans des décisions / actions moralement bonnes lorsqu'elle serait guidée et motivée uniquement par la bonne volonté et le devoir.

  Kant a décrit deux questions fondamentales à prendre en compte lorsqu'une action est faite:

  1. Puis-je rationnellement *(considérer)* que tout le monde agisse *(doit agir)* comme je le propose? Si la réponse est non, nous ne devons *(je ne dois)* pas exécuter l'action.

  2. Mon action respecte-t-elle les objectifs *(le caractère humain)* des êtres humains plutôt que *(qui m'interdit)* de les utiliser à mes propres fins?

  Encore une fois, si la réponse est non, alors nous ne devons pas exécuter l'action. (Kant croyait que ces questions étaient équivalentes).

- Qu'est-ce que l'utilitarisme?
  L'utilitarisme est une philosophie éthique introduite par des personnalités pionnières telles que Jeremy Bentham (*(qui a)* introduit l'utilitarisme classique), John Stuart Mill, Henry Sidgwick et G.E Moore. L'utilitarisme repose sur le principe d'utilité, qui met l'accent sur l'idée d'être plus utile et bénéfique pour la majorité. En outre, cette théorie a été développée à la suite d'une tentative visant à amener les législateurs anglais à considérer le bien commun plutôt que le bien-être de leur classe sociale lors de la formulation des lois.

  De plus, l'utilitarisme considère le bien éthique d'une décision ou d'une action en situant sa bonté morale dans les sentiments de l'homme afin de générer plus de bonheur et de plaisir pour la majorité. Par conséquent, cette philosophie est basée sur le principe de l'hédonisme et du conséquentialisme, ce qui signifie que l'action juste est définie entièrement en termes de conséquences produites.

Ainsi, sous *(selon l')* utilitarisme, la décision / action moralement correcte est ce *(celle)* qui produit le plus de plaisir ou de bonheur pour celui qui fait ainsi que pour les autres. Par conséquent, ce sont les conséquences de ces actions qui doivent être prises en compte lors de la détermination de la moralité de ces actions. En d'autres termes, si plus *(le plus grand nombre)* de personnes bénéficient d'une action ou d'une décision particulière, cela est considéré comme éthique.

La traduction est si mauvaise qu'on peut mal comprendre. Avant de conclure éventuellement qu'il faut préférer ChatGPT-4 à Bing chaque fois que le texte original est dans une langue étrangère, nous vérifierons aussi la qualité de la traduction avec d'autres sujets que la philosophie. ChatGPT-4 fait lui-même ses traductions, et l'expérience a montré que son français est excellent.

Mais revenons à ChatGPT-4.

3.12.2.2 Si je suis obligé de choisir entre laisser mourir dix personnes ou faire mourir une seule personne, que dois-je choisir ?

C'est une question très difficile, car elle implique de faire un choix moral difficile et potentiellement traumatisant. En général, la plupart des gens opteraient pour la solution qui minimise le nombre de décès. Dans le cas présent, cela signifie qu'il serait logique de choisir de sacrifier une vie pour sauver dix vies.

Cependant, il est important de noter que ce choix n'est pas facile à faire et que, dans la pratique, il y a souvent d'autres considérations à prendre en compte, telles que les conséquences légales, les implications émotionnelles et psychologiques pour toutes les personnes impliquées, et les valeurs morales et éthiques de la personne qui doit prendre la décision.

En fin de compte, c'est à vous de décider ce que vous considérez comme étant la meilleure solution dans une situation aussi difficile. Il est important de réfléchir attentivement aux conséquences de chaque option avant de prendre une décision, et de consulter si possible un conseiller ou une personne de confiance pour vous aider à faire le choix le plus éclairé et le plus éthique possible.

Comparons cette réponse avec la réponse de Bing à la même question :

Cette fois, Bing n'a pas compris la question : il propose une liste de pages Web sur l'euthanasie, dont voici les premières :
- Faire ou laisser mourir – La Vie des idées
- Droit à mourir : Où peut-on se faire euthanasier en 2021 ?

Bing Chat, lui, fournit une réponse concise et des liens vers des compléments :

> Si vous êtes confronté à une situation où vous devez choisir entre laisser mourir dix personnes ou faire mourir une seule personne, il n'y a pas de réponse facile. Cependant, il est important de noter que la plupart des sociétés considèrent que tuer une personne est moralement pire que de laisser plusieurs personnes mourir. Cela est connu sous le nom de principe de non-malfaisance. En outre, le choix dépendra également des circonstances spécifiques de la situation et des lois en vigueur dans votre pays [1] [2].
>
> En savoir plus :
>
> 1. legalissimo.com   2. reiso.org
> 3. laviedesidees.fr

3.12.3 Comparaison synthétique de diverses philosophies

3.12.3.1 Qu'est ce que la phénoménologie? Sur ce sujet, comparer les philosophies de Husserl, Heidegger et Sartre

La phénoménologie est une approche philosophique qui vise à étudier et décrire les structures de l'expérience consciente telle qu'elle est vécue par l'individu, sans recourir à des hypothèses théoriques ou à des explications causales. Elle cherche à comprendre le monde à travers les phénomènes (les objets tels qu'ils apparaissent à la conscience) et les relations qu'ils entretiennent avec la conscience. La phénoménologie a été développée par plusieurs philosophes, notamment Edmund Husserl, Martin Heidegger et Jean-Paul Sartre, qui ont chacun leur propre interprétation et développement de cette approche.

- Edmund Husserl (1859-1938) : Husserl est considéré comme le fondateur de la phénoménologie. Il soutenait que l'expérience consciente est structurée et intentionnelle, c'est-à-dire qu'elle est toujours orientée vers quelque chose (un objet, une situation, etc.). Pour Husserl, l'objectif principal de la phénoménologie est de décrire ces structures intentionnelles de l'expérience. Il a développé la méthode de l'épochè, qui consiste à suspendre ou mettre entre parenthèses nos croyances et préjugés pour accéder à une description pure des phénomènes. Selon Husserl, la phénoménologie permet de révéler les structures essentielles de la conscience, qui sont communes à tous les individus.

- Martin Heidegger (1889-1976) : Heidegger, un élève de Husserl, a développé sa propre approche de la phénoménologie en mettant l'accent sur l'ontologie, c'est-à-dire l'étude de l'être. Pour Heidegger, le point de départ de la phénoménologie est l'analyse de l'expérience humaine de l'être-au-monde, qui implique l'interrogation sur le sens de l'être. Il a introduit la notion de Dasein (être-là), qui désigne la manière dont les êtres humains existent et vivent dans le monde. Heidegger a critiqué l'approche de Husserl, qu'il jugeait trop centrée sur la conscience et trop abstraite, en insistant sur la dimension concrète et historique de l'existence humaine.

- Jean-Paul Sartre (1905-1980) : Sartre, un philosophe français, a également été influencé par la phénoménologie, bien qu'il ait développé sa propre approche en mettant l'accent sur l'existentialisme. Pour Sartre, l'existence précède l'essence, ce qui signifie que les êtres humains ne sont pas définis par une nature préétable, mais plutôt par leurs choix et leurs actions. La phénoménologie sartrienne se concentre sur l'analyse de la liberté et de la responsabilité individuelle. Sartre a également insisté sur l'importance des relations interpersonnelles et sur la manière dont la conscience de soi et la conscience des autres sont inextricablement liées. Il a développé la notion de "mauvaise foi", qui décrit la tendance des individus à se mentir à eux-mêmes pour éviter d'affronter leur propre libert

continuer

é et responsabilité.

Quand l'affichage d'une réponse est coupé (ici au milieu du mot « liberté ») on peut envoyer la commande « continuer » ou « continue »

En résumé, bien que Husserl, Heidegger et Sartre aient tous contribué au développement de la phénoménologie, leurs approches diffèrent sur plusieurs points :

- Husserl met l'accent sur la description des structures intentionnelles de l'expérience consciente et la méthode de l'épochè pour accéder à une description pure des phénomènes.

- Heidegger se concentre sur l'analyse ontologique de l'être-au-monde, en critiquant l'approche de Husserl comme étant trop abstraite et en soulignant la dimension concrète et historique de l'existence humaine.

- Sartre développe une phénoménologie existentialiste axée sur la liberté, la responsabilité individuelle et les relations interpersonnelles, tout en insistant sur le fait que l'existence précède l'essence et en introduisant la notion de mauvaise foi.

Ces trois penseurs ont contribué à élargir et approfondir la portée de la phénoménologie, en apportant des perspectives différentes et complémentaires sur les questions fondamentales de l'existence, de la conscience et de l'expérience humaine.

3.12.3.2 Selon les diverses cultures et philosophies, comment définit-on le bonheur et quels conseils donne-t-on pour l'atteindre ?

Voici quelques définitions et conseils pour atteindre le bonheur selon différentes cultures et philosophies :

1. La philosophie grecque : Selon les philosophes grecs, le bonheur est atteint par l'exercice de la raison et de la vertu. Ils ont encouragé la pratique de la sagesse, de la justice, du courage et de la tempérance pour atteindre le bonheur.

2. Le bouddhisme : Selon le bouddhisme, le bonheur est atteint en se libérant du désir et de l'attachement. Le chemin vers le bonheur implique la pratique de la méditation, de la pleine conscience et de la compassion envers les autres.

3. Le taoïsme : Selon le taoïsme, le bonheur est atteint en vivant en harmonie avec le flux naturel de la vie. Le chemin vers le bonheur implique la pratique de la simplicité, de la modestie et de la non-intervention.

4. La psychologie positive : Selon la psychologie positive, le bonheur est atteint en cultivant des émotions positives, telles que la gratitude, l'optimisme et la

bienveillance. Le chemin vers le bonheur implique la pratique de la gratitude, de l'optimisme et de la pleine conscience.

5. La culture américaine : Dans la culture américaine, le bonheur est souvent associé à la réussite et à l'accomplissement. Le chemin vers le bonheur implique la poursuite de ses objectifs, la prise de risques et l'indépendance.

Quelle que soit la culture ou la philosophie, il existe plusieurs conseils généraux pour atteindre le bonheur, notamment :

1. Pratiquer la gratitude en appréciant ce que l'on a plutôt que de se concentrer sur ce que l'on n'a pas.
2. Cultiver des relations positives en passant du temps avec des amis et des proches.
3. Prendre soin de soi en faisant de l'exercice régulièrement, en mangeant sainement et en obtenant suffisamment de sommeil.
4. Cultiver la pleine conscience en étant attentif à ses pensées, ses sentiments et ses actions.
5. Trouver un sens de but ou de contribution en aidant les autres ou en poursuivant un objectif significatif.

Qu'appelle-t-on pleine conscience et flux de la vie ?

1. La pleine conscience (ou mindfulness en anglais) est une pratique qui consiste à être pleinement conscient et présent dans le moment présent, en portant une attention intentionnelle et non-jugeante à ses pensées, ses émotions, ses sensations corporelles et à l'environnement qui nous entoure. Cette pratique est souvent associée au bouddhisme, mais elle est désormais utilisée dans le cadre de nombreuses thérapies et programmes de bien-être.
2. La pleine conscience est considérée comme une compétence qui peut être développée grâce à des exercices de méditation, de respiration, de yoga ou d'autres pratiques similaires. La pratique régulière de la pleine conscience peut aider à réduire le stress, l'anxiété, la dépression et à améliorer la santé mentale et physique en général.
3. Le flux de la vie (ou flow en anglais) est un état de conscience dans lequel une personne est complètement absorbée et concentrée dans une activité qui lui procure un grand plaisir et une satisfaction personnelle. Cette notion a été développée par le psychologue hongrois Mihaly Csikszentmihalyi, qui a observé que les personnes qui ont des expériences de flux régulières sont plus heureuses et ont une meilleure qualité de vie en général.
4. Le flux de la vie se caractérise par un sentiment d'immersion totale dans une activité, un sentiment de contrôle et de maîtrise, une perte de la conscience de soi et une perte de la perception du temps. Cette expérience est souvent associée à des activités créatives, sportives ou intellectuelles qui impliquent un défi ou une difficulté, mais qui sont également compatibles avec les compétences de la personne. Le flux de la vie peut être atteint en cultivant des loisirs et des activités qui suscitent l'enthousiasme et l'intérêt de la personne.

3.13 Sociologie

3.13.1.1 Je voudrais apprendre la sociologie en lisant des livres en français. Quels livres me conseillez vous ? Pour chacun, résumer les connaissances qu'il apporte à la sociologie, et donner la date de sa première parution et le nom de son auteur.

1. "Les Règles de la méthode sociologique" par Émile Durkheim (1895)
   Ce livre est souvent considéré comme l'un des premiers textes fondateurs de la sociologie. Durkheim y définit la sociologie comme la "science des faits sociaux" et établit les méthodologies nécessaires pour l'étudier. Il insiste sur l'importance de traiter les faits sociaux comme des choses, c'est-à-dire comme des phénomènes objectifs qui peuvent être étudiés scientifiquement.

2. "Le Suicide : Étude de sociologie" par Émile Durkheim (1897)
   C'est une autre œuvre majeure de Durkheim, où il démontre comment les phénomènes apparemment individuels et personnels (dans ce cas, le suicide) peuvent être influencés par les facteurs sociaux. C'est une démonstration de sa théorie sur la façon dont la société et les normes sociales peuvent influencer le comportement individuel.

3. "La Distinction : Critique sociale du jugement" par Pierre Bourdieu (1979)
   Dans ce livre, Bourdieu explore les différences de goût entre les différentes classes sociales et comment ces différences contribuent à la reproduction des hiérarchies sociales. Il introduit des concepts importants comme le "capital culturel" et "l'habitus", qui sont essentiels pour comprendre comment fonctionne la stratification sociale.

4. "Le Deuxième Sexe" par Simone de Beauvoir (1949)
   Bien que ce soit principalement considéré comme un travail de philosophie féministe, "Le Deuxième Sexe" a également apporté d'importantes contributions à la sociologie, en particulier à la sociologie du genre. Beauvoir y explore les façons dont les femmes sont "autres" dans la société, et comment cette "altérité" est socialement construite.

5. "La Société du spectacle" par Guy Debord (1967)
   Dans ce livre, Debord analyse la transformation de la société moderne en une société de spectacle, où le réel est remplacé par des images et où les relations sociales sont médiées par des images. C'est un livre fondamental pour comprendre la critique de la société de consommation.

6. "Les Formes élémentaires de la vie religieuse" par Émile Durkheim (1912)
   Ici, Durkheim explore la nature et le rôle de la religion dans la société. Il soutient que la religion est un phénomène social qui reflète les structures et les valeurs de la société.

Ces livres vous donneront un aperçu de la sociologie en tant que discipline. Cependant, la sociologie est un champ de recherche vaste et en constante évolution, et il existe de nombreux autres livres et articles qui pourraient être utiles en fonction de vos intérêts particuliers.

3.13.1.2 Résumer l'œuvre de Raymond Aron et ses principaux ouvrages. A-t-il apporté une contribution intéressante à la sociologie, et si oui laquelle. Donner ses dates de naissance et de décès.

Raymond Aron est né le 14 mars 1905 et est décédé le 17 octobre 1983. Il était un sociologue, philosophe et commentateur politique français largement respecté. Aron est surtout connu pour ses contributions à la philosophie politique, à la sociologie et à la théorie des relations internationales.

Il a écrit plusieurs ouvrages notables, dont:

1. "La Société industrielle et la guerre" (1959): Dans ce livre, Aron examine les relations entre la guerre et la société industrielle. Il soutient que l'économie moderne, caractérisée par la production de masse et la technologie, a profondément modifié la nature de la guerre.

2. "Paix et guerre entre les nations" (1962): Ici, Aron développe une théorie réaliste des relations internationales. Il soutient que les relations internationales sont régies par le pouvoir et l'intérêt national, plutôt que par le droit international ou l'éthique.

3. "Les Étapes de la pensée sociologique" (1967): Dans cet ouvrage, Aron propose une analyse des travaux des grands fondateurs de la sociologie, tels que Montesquieu, Comte, Marx, Tocqueville, Durkheim et Weber. Il examine leurs contributions respectives à la discipline et offre une synthèse de leurs idées.

4. "Démocratie et totalitarisme" (1965): C'est une analyse comparative des systèmes démocratiques et totalitaires, dans laquelle Aron explore les différences fondamentales entre ces deux formes de gouvernement.

Aron a apporté des contributions significatives à la sociologie, en particulier dans le domaine des relations internationales et de la sociologie politique. Il a mis l'accent sur l'importance de la sociologie dans l'analyse des phénomènes politiques, en particulier en ce qui concerne la guerre et la paix, et a insisté sur l'importance d'une approche réaliste et empirique de la sociologie.

Il est également connu pour avoir été un critique fervent du marxisme et du totalitarisme, et pour avoir défendu les valeurs de la démocratie libérale et de la société ouverte. Ses travaux ont eu une influence considérable sur les études en sciences sociales et politiques en France et à l'étranger.

4 Bing, Bing Image Creator et Bing Chat

Ces trois services de Microsoft sont fournis par des logiciels du même nom tournant sur des serveurs accessibles par le Web. Ils intègrent désormais la technologie GPT.

4.1.1 Nouvelles fonctions

4.1.1.1 Décrire les fonctions de Bing, Bing Image Creator et Bing Chat disponibles à partir de mai 2023

Bing Image Creator est un module d'IA générative d'image qui utilise des algorithmes pour créer des images à partir de descriptions textuelles.

Bing Chat est une fonctionnalité de Microsoft Bing qui permet aux utilisateurs de discuter avec un assistant virtuel pour obtenir des réponses à leurs questions. Il est disponible pour les utilisateurs du monde entier sur Windows, macOS et Linux. *Voir l'article du 5 mai 2023 : - https://www.blogdumoderateur.com/bing-chat-disponible-nouveautes-majeures-mai-2023/ , dont voici les 5 annonces :*

1. Le chatbot *(l'interface de dialogue en langage naturel)* de Bing est accessible à tous *(gratis)*.
   Il s'appuie sur ChatGPT-4, mais n'est accessible que depuis un navigateur EDGE après connexion (gratuite) à un compte Microsoft.

2. Des résultats de recherche enrichis avec des images et vidéos.
   Bing a reconnu une photo du mont Cervin et donné le nom d'une personne en recevant sa photo. Voir ci-dessous « Qu'y a-t-il dans cette image ? ».

3. *(Bientôt)* Un historique de chat pour retrouver vos conversations ;
   C'est la même fonction que dans la colonne de gauche de la fenêtre ChatGPT-4 ;

4. Bing Image Creator fonctionne en français.
   Voir essai ci-dessous.

5. *(Bientôt)* Intégration de plugins tiers.
   C'est une interface de développement de programmes (API) permettant à des applications de sous-traiter à Bing des opérations de recherche d'informations et de génération de textes.

4.1.1.2 Premier contact avec Bing et Bing Chat et comparaison avec Google

Un essai simple montre les différences entre les réponses le 19/05/2023 à une même question de Google, ChatGPT-4, Bing et de Bing Chat lancé depuis EDGE :

Quel est le poids d'un obus de 155mm ?
Réponse de Google :

Environ 15 100 résultats (0,43 secondes)

Canon de 155 mm Long Tom

Caractéristiques de service	
Poids du canon seul	4 168 kg
Poids du canon et de l'affût	4 352 kg (batterie) 13 880 kg (transport)
Longueur du canon seul	7,035 m
Longueur en calibre	45 calibres (L/45)

31 autres lignes

Wikipedia
https://fr.wikipedia.org › wiki › Canon_de_155_mm_Lo...
Canon de 155 mm Long Tom - Wikipédia

À propos des extraits optimisés · Commentaires

Autres questions posées

Quel est le poids d'un obus de 155 ?

Quel est le prix d'un obus de 155 mm ?

Quel est le métal des obus ?

Qui fabrique les obus de 155 mm ?

Commentaires

Artillerie asso
https://artillerie.asso.fr › basart › article
512- Munitions de 155
Le système développé pour l'obusier de 155 Mle 50 comporte un **obus** explosif de 43,7 kg qui sera adopté sous l'appellation OE Mle 56. (JPG). Obus de 155mm ...

Réponse de ChatGPT-4 depuis une fenêtre Edge :
Le poids d'un obus de 155 mm peut varier en fonction de sa conception spécifique et de son type. Généralement, les obus de ce calibre pèsent entre 40 et 50 kilogrammes, mais certains types d'obus, comme ceux conçus pour des charges explosives plus lourdes ou pour des missions spéciales, peuvent peser plus. Il est important de noter que ces valeurs sont approximatives et peuvent varier en fonction du modèle spécifique d'obus et de l'application pour laquelle il a été conçu.

Réponse de Bing depuis une fenêtre Edge :

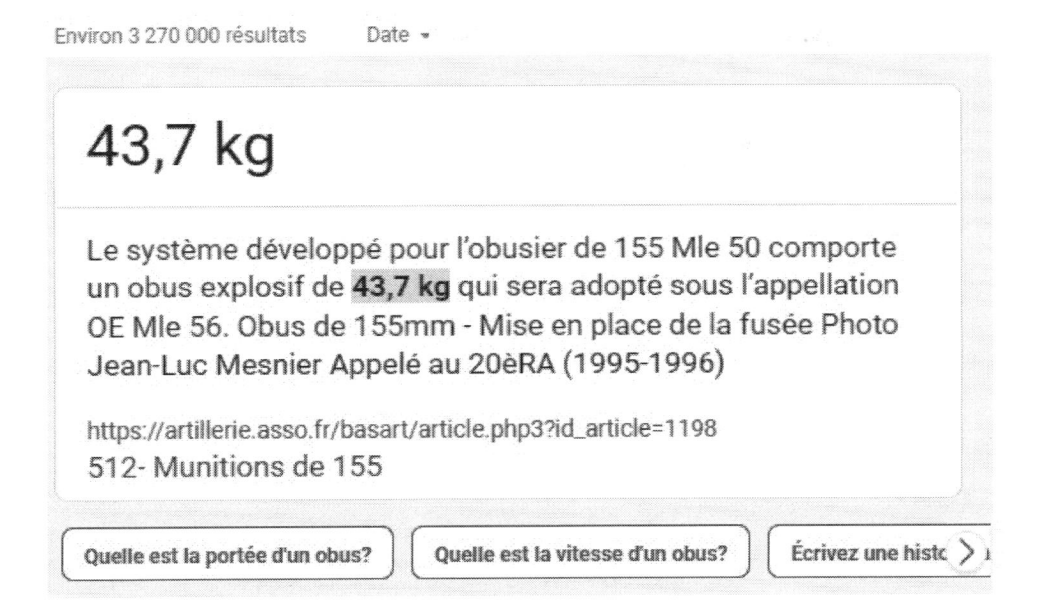

> Environ 3 270 000 résultats   Date ▾
>
> ## 43,7 kg
>
> Le système développé pour l'obusier de 155 Mle 50 comporte un obus explosif de **43,7 kg** qui sera adopté sous l'appellation OE Mle 56. Obus de 155mm - Mise en place de la fusée Photo Jean-Luc Mesnier Appelé au 20èRA (1995-1996)
>
> https://artillerie.asso.fr/basart/article.php3?id_article=1198
> 512- Munitions de 155
>
> | Quelle est la portée d'un obus? | Quelle est la vitesse d'un obus? | Écrivez une histo ❯ |

Réponse de Bing depuis une fenêtre Firefox :

> Environ 4 920 000 résultats   Date ▾   Ouvrir les liens dans un nouvel onglet ⚪
>
> Calibres Poids moyen de l'obus Poids moyen d'explosif 105 mm OTAN 13 kg 2,6 kg 122 mm (D-30) 22 kg 4,4 kg 152 mm (D-20) 44 kg 8,8 kg 155 mm OTAN **44 kg 8,8 kg** 180 mm (2S7)* 88 kg 17,6 kg 203 mm OTAN 92 kg 18,4 kg (*) Longtemps donné pour un 203 mm mais, en 1973, les experts occidentaux découvriront que le vrai calibre est de 180 mm.
>
> ### Canons et obusiers : quels calibres - Donuts
> www.areion24.news/2018/04/30/canons-et-obusiers-quels-calibres/
>
> Ceci vous a-t-il été utile ?   👍 👎

Autres questions posées

| Quel est le prix d'un obus ? | Quel calibre pour un obus ? |

Le comportement de Bing n'est donc pas le même dans tous les navigateurs. Les fonctionnalités les plus riches sont disponibles dans Bing sous Edge, qui exige d'être identifié comme utilisateur Microsoft (ce qui, heureusement, est gratuit et n'est nécessaire qu'une fois par PC ou Mac).

Réponse de Bing Chat avec l'option « Plus Précis » depuis une fenêtre Edge :

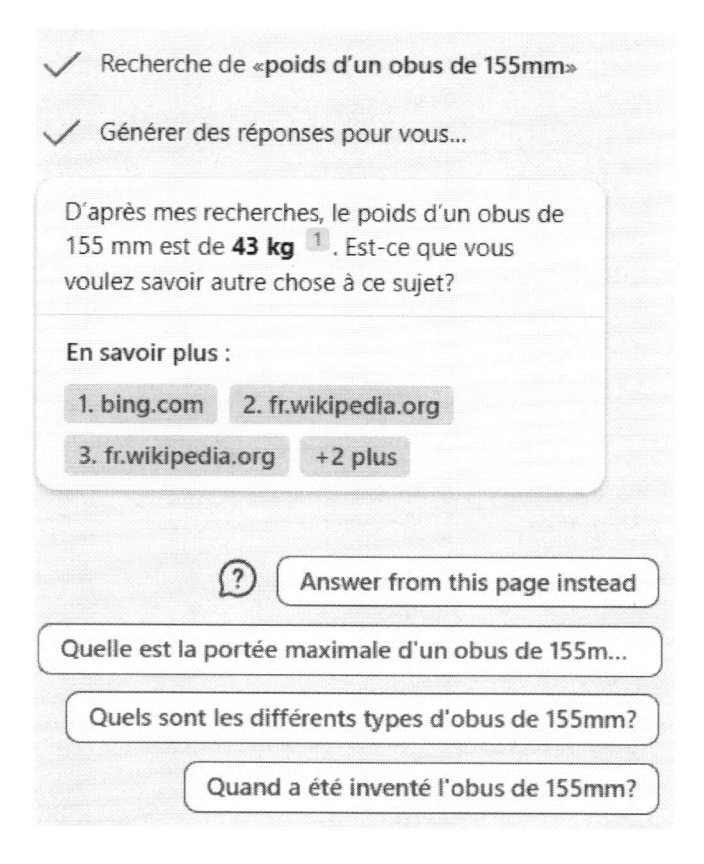

✓ Recherche de «**poids d'un obus de 155mm**»

✓ Générer des réponses pour vous...

D'après mes recherches, le poids d'un obus de 155 mm est de **43 kg** [1]. Est-ce que vous voulez savoir autre chose à ce sujet?

En savoir plus :

1. bing.com   2. fr.wikipedia.org
3. fr.wikipedia.org   +2 plus

(?) Answer from this page instead

Quelle est la portée maximale d'un obus de 155m...

Quels sont les différents types d'obus de 155mm?

Quand a été inventé l'obus de 155mm?

Réponse de Bing Chat avec l'option « Plus Equilibré » depuis une fenêtre Edge :

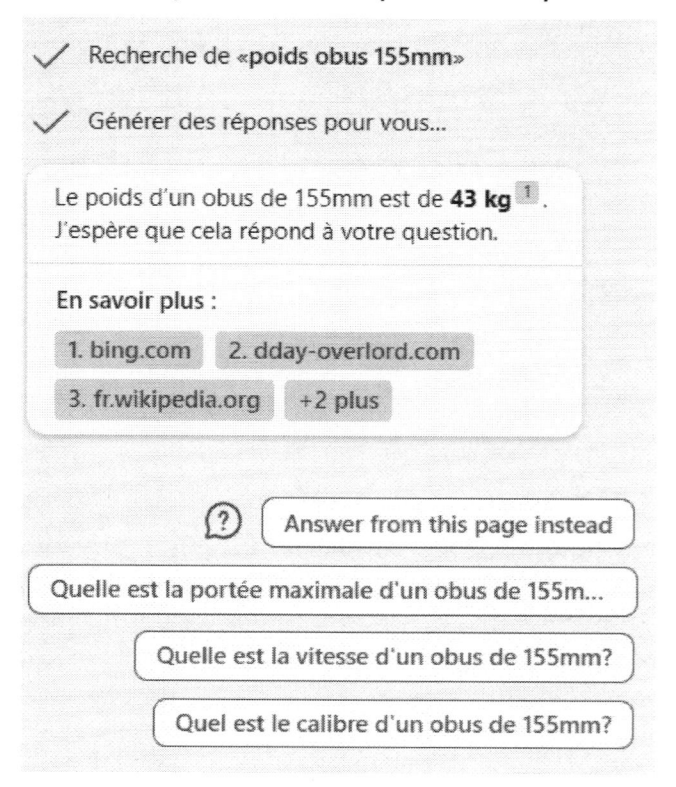

✓ Recherche de «**poids obus 155mm**»

✓ Générer des réponses pour vous...

Le poids d'un obus de 155mm est de **43 kg** [1]. J'espère que cela répond à votre question.

En savoir plus :

1. bing.com   2. dday-overlord.com
3. fr.wikipedia.org   +2 plus

(?) Answer from this page instead

Quelle est la portée maximale d'un obus de 155m...

Quelle est la vitesse d'un obus de 155mm?

Quel est le calibre d'un obus de 155mm?

Commentaires sur ces réponses

- *Google fournit une liste de pages à lire pour trouver sa réponse. Ce format est aujourd'hui dépassé par rapport à celui des réponses de ChatGPT-4, Bing et Bing Chat, qui désormais comprennent le langage naturel et répondent en français.*
- *Bing est disponible depuis un navigateur autre que Edge, comme Mozilla Firefox, mais sa réponse est moins précise qu'avec un navigateur Edge : Microsoft privilégie le choix de Edge pour Bing et l'impose même pour Bing Chat, en exigeant en plus une connexion à un compte Microsoft.*

  On peut supposer qu'il note la question dans le profil utilisateur associé au compte ; donc si on veut garder le secret sur ses questions utiliser un navigateur autre que Edge, en renonçant aussi à Bing Chat.
- *Bing et Bing Chat offrent, depuis une fenêtre Edge, et (peut-être) seulement depuis ce navigateur-là, des boutons donnant accès à des pages qui justifient et complètent la réponse. ChatGPT-4, par contre, ne fournit des adresses de pages que sur demande.*

4.1.1.3 Quel est l'apport de l'IA dans Bing?

Bing, le moteur de recherche de Microsoft, a développé une IA puissante qui peut être utilisée sur n'importe quel navigateur. Les avantages d'utiliser l'IA de Bing sont nombreux.

- Tout d'abord, elle permet aux utilisateurs d'avoir accès à des résultats plus précis et pertinents lorsqu'ils effectuent une recherche en ligne. Voir :
  https://www.bing.com/search?q=Quel+est+l%27apport+de+l%27IA+dans+Bing%3f&toWww=1&redig=8396F116A0FF4F7D82D431F93E86A856
- Contrairement à la recherche traditionnelle, le nouvel outil IA de Bing peut répondre à des questions complexes, effectuer différentes tâches et vous pouvez interagir avec lui en sachant qu'il comprendra le contexte de votre demande
  https://www.leptidigital.fr/intelligence-artificielle-ia/comment-utiliser-ia-bing-chatgpt-36616/
- Selon Microsoft, Bing est désormais un « copilote du web alimenté par l'IA » qui fournit des résultats de recherche enrichis d'informations provenant du vaste modèle linguistique d'OpenAI
  https://www.cnetfrance.fr/news/microsoft-devoile-une-nouvelle-version-de-bing-qui-devient-un-copilote-du-web-alimente-par-l-ia-39953770.htm

4.1.1.4 Quelles fonctionnalités Bing Chat a-t-il de plus par rapport à Bing?

Bing Chat a des fonctionnalités supplémentaires par rapport à Bing :

- Il peut maintenant répondre aux questions à l'aide d'images et de graphiques
  https://www.zdnet.fr/actualites/bing-chat-peut-desormais-repondre-aux-questions-a-l-aide-d-images-et-de-graphiques-39958342.htm
- Vous pouvez également utiliser ChatGPT dans Bing sous le nom de Bing Chat.
  https://www.zdnet.fr/pratique/chatgpt-vs-bing-chat-quel-chatbot-ia-utiliser-en-fonction-de-vos-besoins-39956010.htm

Depuis début mai 2023 c'est ChatGPT-4 tout entier qui est intégré dans Bing.
Il présente 5 nouveautés majeures (Voir https://www.blogdumoderateur.com/bing-chat-disponible-nouveautes-majeures-mai-2023/) ;

1. Le chatbot (interface de dialogue en langage naturel) de Bing est accessible à tous
2. Des résultats de recherche enrichis avec des images et vidéos
3. Un historique de chat pour retrouver vos conversations
4. Bing Image Creator fonctionne en français et il est gratuit : le texte « Photo de savant » a produit 4 images :

Le texte « Voiture de sport décapotable avec une jeune femme au volant » a produit :

Adresse de Bing Image Creator : www.bing.com/create

5. Bing offre à présent une API de développement permettant l'intégration de plug-ins tiers dans l'interface de dialogue de Bing.

4.1.2 Accès à Bing Chat

4.1.2.1 Sur quels systèmes d'exploitation Bing et Edge sont-ils disponibles?

Bing est disponible sur les applications mobiles Bing, Edge et Skype, en plus des PC et Mac. Edge est disponible sur Windows 10, macOS et Android. Voir la présentation du nouveau Bing sur https://www.microsoft.com/fr-fr/bing?form=MA13FJ .

Bing est aussi disponible sur les systèmes d'exploitation Windows 7 et ultérieurs, Windows Server 2008 R2 et ultérieurs, Windows Phone 8.1 et ultérieurs, iOS 12.0 et ultérieurs, Android 5.0 et ultérieurs

4.1.2.2 Comment accéder à Bing Chat?

Il faut d'abord, avec EDGE, avoir un compte Microsoft et s'y connecter à l'adresse : https://account.microsoft.com/account/Account?Platform=Windows8.1&mkt=fr-FR

Ensuite, dans la fenêtre Edge ci-dessous, on accède à Bing Chat par un clic sur le bouton « b » en haut à droite :

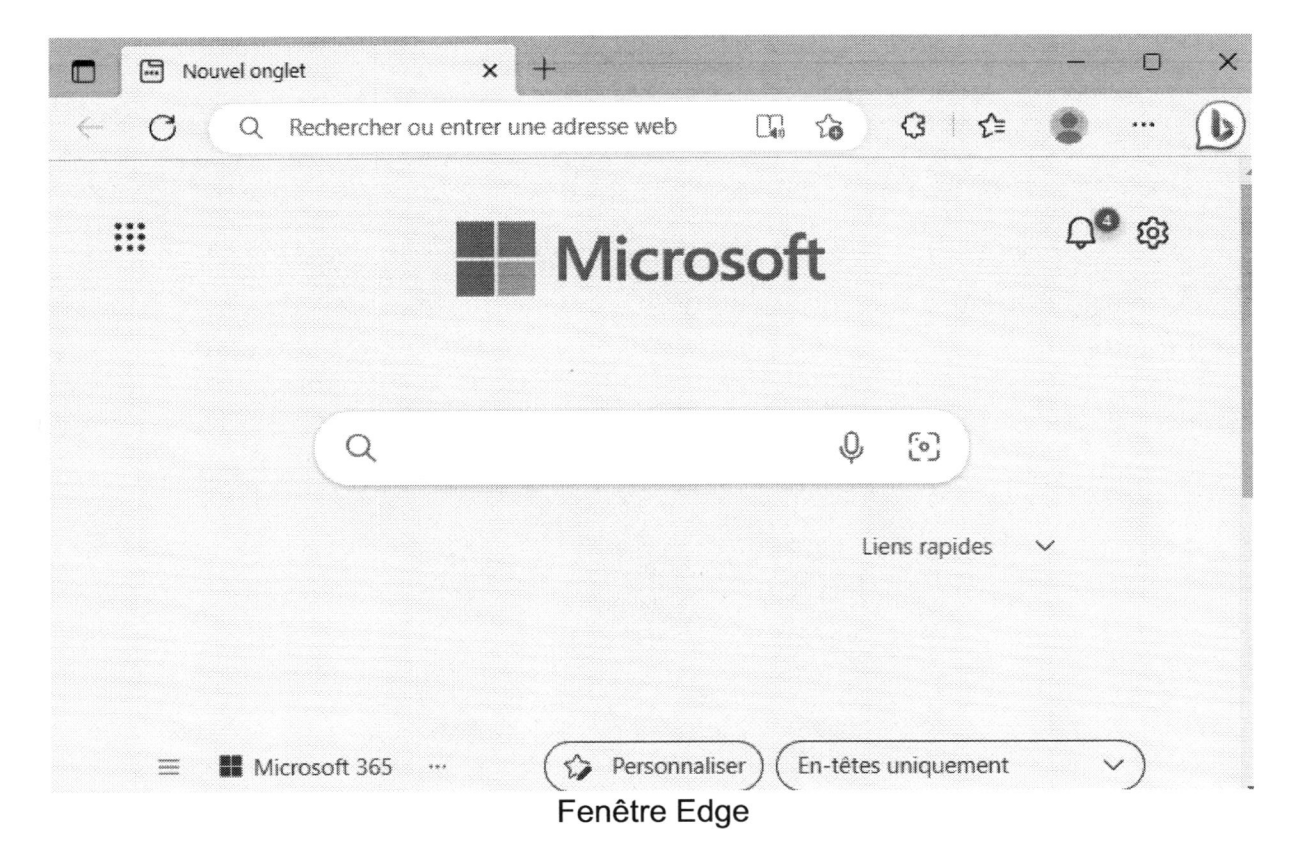

Fenêtre Edge

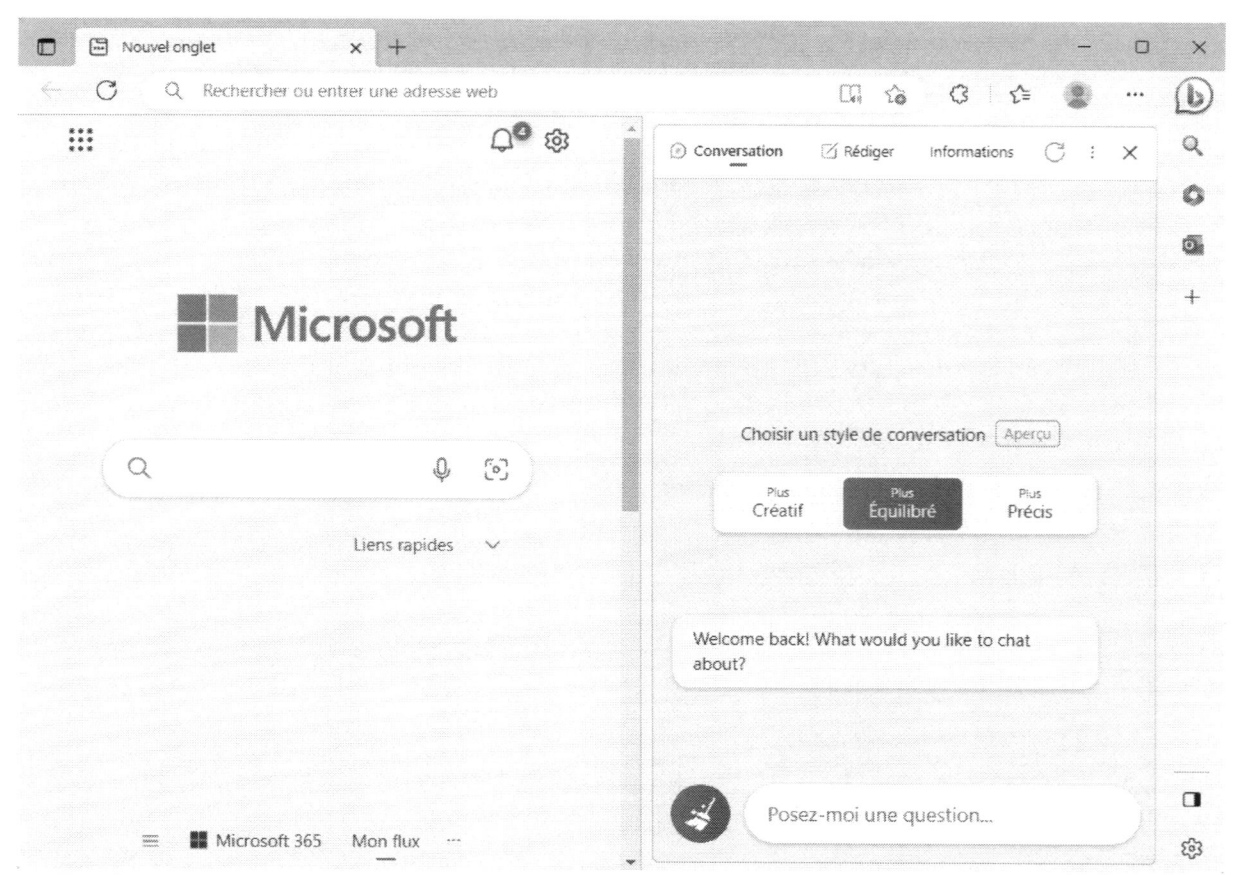

Fenêtre d'accueil de Bing Chat. Le mode « Conversation » est choisi par défaut.

Il faut essayer les divers styles de Bing Chat en envoyant des requêtes en français.

4.1.3 Bing Image Creator, nouveau générateur d'images

Bing Image Creator fonctionne à partir d'une description en langage naturel :
le texte « Image d'une ville du futur avec des routes qui s'entrecroisent », déjà utilisé précédemment pour tester DALL-E, a donné 4 images, dont celle-ci :

Adresse de Bing Image Creator : www.bing.com/create

4.1.4 Reconnaissance d'images par Bing

Dans la zone de recherche de Bing, accessible par une fenêtre Edge, il y a un petit bouton carré que l'on peut presser avant de coller une image à reconnaître.

4.1.4.1 Qui est l'homme dans l'image

L'homme dans l'image que vous avez partagée est Ernest Solvay. Ernest Solvay était un chimiste belge et un industriel qui a créé une entreprise chimique qui porte son nom, Solvay SA. Il est également connu pour avoir fondé la Conférence Solvay, une série de conférences scientifiques de renommée mondiale qui ont débuté en 1911 et qui ont réuni certains des plus grands esprits scientifiques de l'époque pour discuter des dernières avancées en physique et en chimie. Ernest Solvay est né le 16 avril 1838 et est décédé le 26 mai 1922.

A ma connaissance, en matière de reconnaissance de personnes le leader non-chinois aujourd'hui est le logiciel américain Clearview AI - https://www.clearview.ai , avec sa base de données de 30 milliards de photos et sa disponibilité dans de nombreux pays... mais pas en France, où la législation l'interdit.

Voyons si Bing peut reconnaître un site célèbre.

4.1.4.2 Qu'y a-t-il dans cette image ?

Réponse en image de Bing, qui reconnaît l'image :

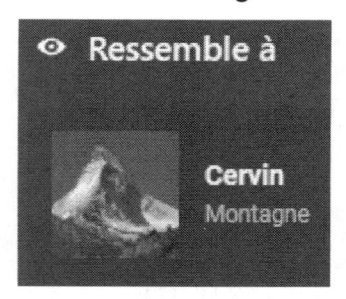

Lorsqu'on pose la même question à ChatGPT, il répond :
Désolé pour la confusion, mais en tant qu'IA textuelle, je ne peux pas voir ou interpréter les images ou les photos. Je suis capable de comprendre et de générer du texte. Si vous pouvez décrire l'image, je serais ravi de vous aider à la comprendre ou à en discuter davantage.

Voyons si Bing reconnaît un blindé américain en recevant sa photo.

4.1.4.3   Quel est ce blindé américain ?

Voici la réponse de Bing :

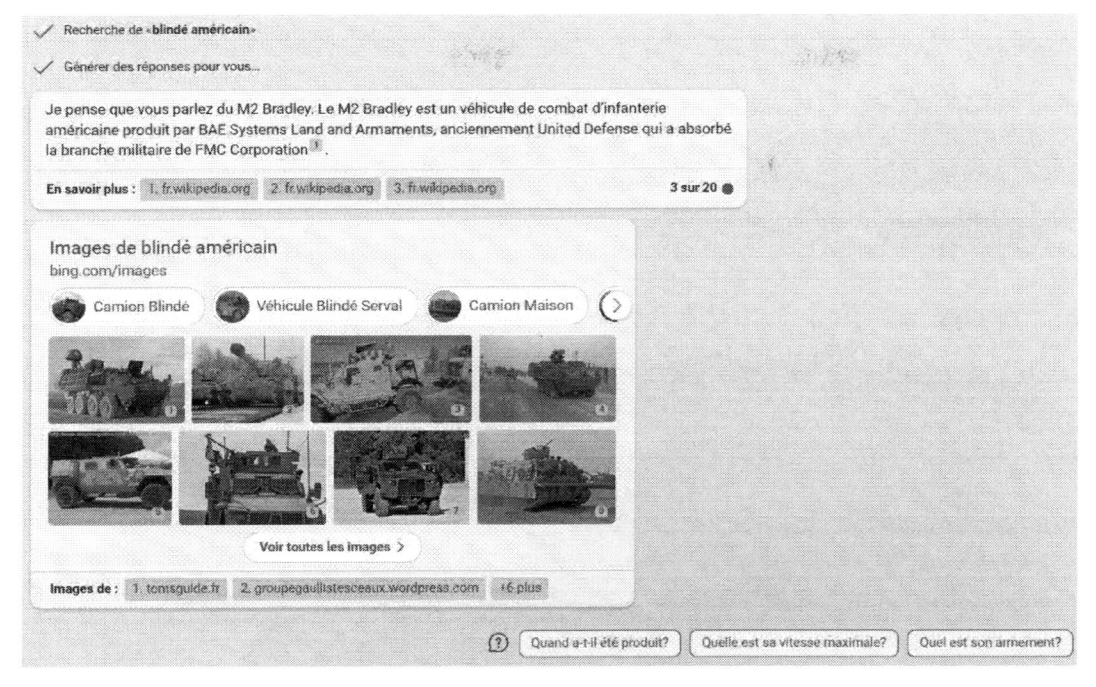

Le véhicule sur la photo est un M2 Bradley, un véhicule de combat d'infanterie (VCI) américain. Le M2 Bradley est utilisé par l'armée américaine depuis les années 1980 et est conçu pour transporter des troupes d'infanterie à travers le champ de bataille tout en leur offrant une protection contre les armes légères et les éclats d'obus. Le M2 Bradley dispose également d'une tourelle armée d'un canon automatique de 25 mm et d'une mitrailleuse coaxiale de 7,62 mm pour fournir un appui-feu direct à l'infanterie transportée.

Quel est le poids de ce véhicule?

Le poids du M2 Bradley varie selon la version du véhicule et les équipements qu'il transporte, mais en général, le poids de combat du M2 Bradley est d'environ 27,6 tonnes. Le poids à vide du véhicule est d'environ 24,5 tonnes.

Bing a donc certaines possibilités d'IA pour comprendre une question et rédiger sa réponse.

4.1.5 Différences entre Bing, d'une part, et ChatGPT-4 et Bing Chat d'autre part

A une question donnée comme :

4.1.5.1 En tant qu'antiseptiques comparer Alcool à 90° et Biseptine. Citer d'autres produits désinfectants

Bing génère un ensemble de réponses concises, des liens « En savoir plus » et des réponses à des questions voisines.

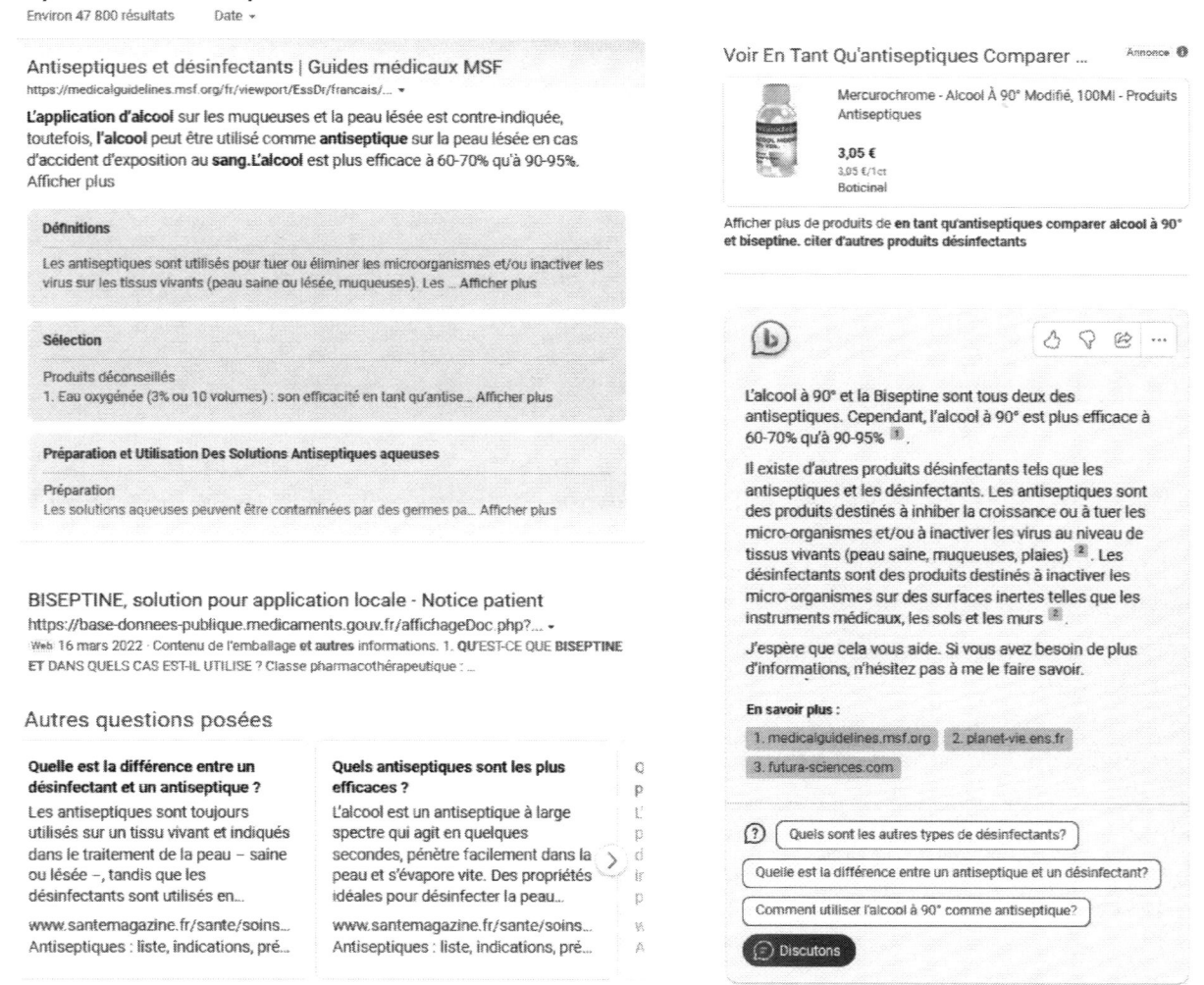

Bing Chat génère aussi une réponse plus détaillée et des liens « En savoir plus », mais il propose aussi une conversation (bouton en haut à gauche) où l'utilisateur peut demander des détails ou poser d'autres questions ayant un rapport avec la première.

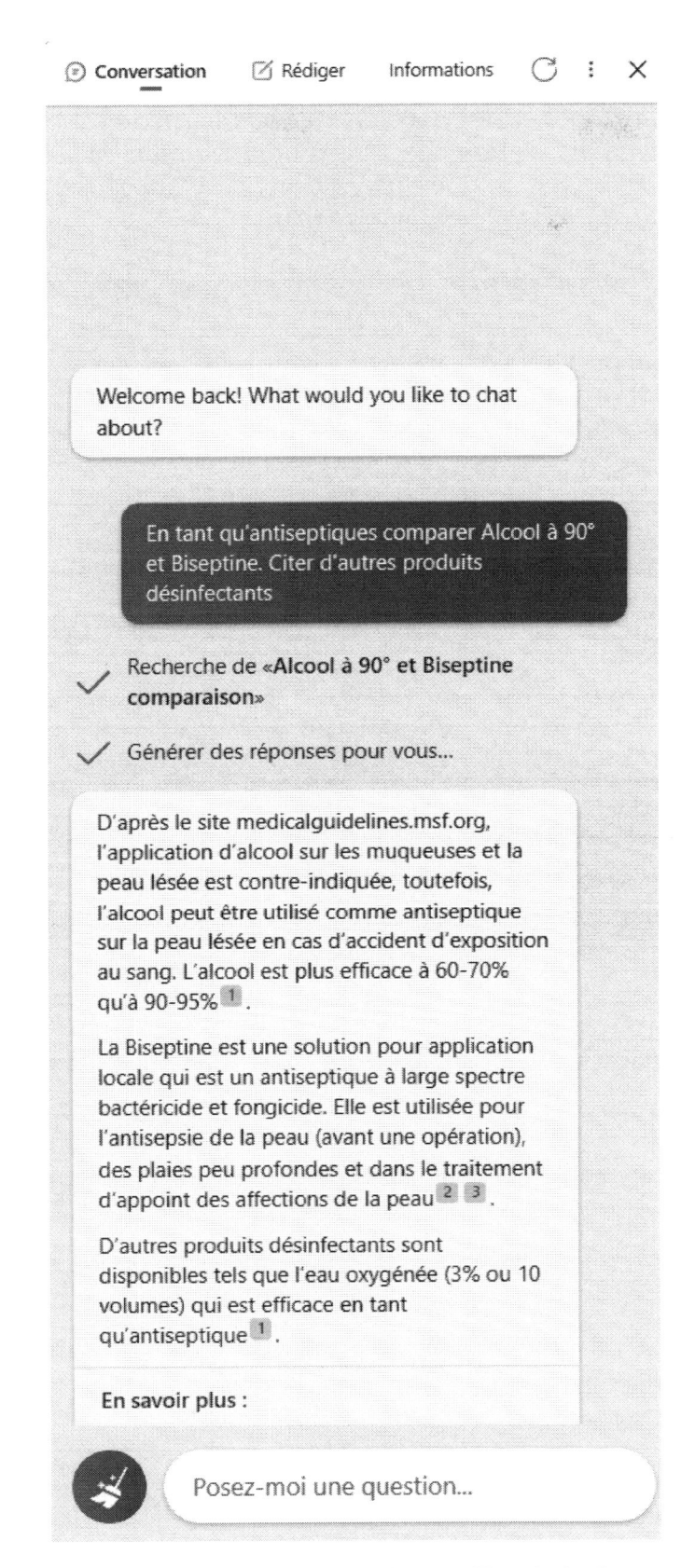

Lorsque la réponse est une page PDF, Bing Chat offre de la lire en appuyant sur : « Send selected text to chat ? ». Si on lui envoie le texte, il propose de l'expliquer, de le réviser ou de le développer. Pour un texte nouveau, il peut soit aller chercher le texte connaissant son adresse Internet, soit le recevoir par « coller ».

ChatGPT-4 est payant et génère une réponse détaillée (voir ci-dessus à la section « Médecine / Comparaison de désinfectants ») et propose une nouvelle réponse par appui sur le bouton « Regenerate response ». Les réponses successives à la même question peuvent contenir des connaissances déjà fournies, mais aussi des connaissances supplémentaires non encore trouvées dans la (ou les) exploration(s) précédentes de la base de données de formation.

Mais la différence la plus importante entre ChatGPT-4 et les nouveaux services Bing et Bing Chat est l'ensemble de données auxquelles le générateur de réponse accède. Le produit ChatGPT-4 de OpenAI a été formé sur des données de sites privés et une base de données extraites de l'Internet en septembre 2021, alors que Bing et Bing Chat (formés on ne sait comment) accèdent à l'Internet actuel, comme le prouvent leurs réponses quasi-identiques à la question :

4.1.5.2 Quel est le déficit de la France en 2023 ?

La réponse de Bing, le 20/05/2023 commence par :

Budget 2023 : le déficit de l'Etat s'est creusé de 7 milliards lors des débats au Parlement La version finale du projet de loi de Finances pour 2023 que s'apprête à adopter l'Assemblée prévoit un déficit de l'Etat de **165 milliards** contre 158 milliards annoncé en septembre.

A la même question, Google a répondu :

Environ 43 000 000 résultats (0,37 secondes)

Le déficit public français devrait se creuser à -5,3% du PIB en 2023.
25 avr. 2023

Allianz Trade en France
https://www.allianz-trade.fr › deficit-public-france-2023
Le déficit public français devrait se creuser à -5,3% du PIB en ...

À propos des extraits optimisés · Commentaires

Autres questions posées :

Quel est le montant de la dette de la France en 2023 ?
Quel est le pays le plus endetté de l'Europe ?
Quel est le pays le moins endetté du monde ?
Comment l'Etat rembourse la dette ?

Commentaires

La Croix
https://www.la-croix.com › Economie
France : la croissance fait un peu refluer la dette et le déficit ...
28 mars 2023 — Le déficit public fait toutefois mieux que prévu, à 4,7 % du PIB en 2022 contre 6,5 % l'année précédente, passant sous l'objectif de 5 % qui ...

Agence France Trésor
https://www.aft.gouv.fr › budget-etat
Budget de l'État
Le déficit à financer pour 2022 est révisé à la baisse à 172,6 milliards d'euros, contre 178,4 milliards d'euros prévus dans la loi de finances ...

budget.gouv
https://www.budget.gouv.fr › reperes › budget › articles
Programme de stabilité (PSATB) 2023-2027
26 avr. 2023 — Le déficit public 2022 s'est établi à -4,7 % du PIB en nette amélioration par rapport à 2021 (-6,5 % du PIB) et 2020 (-9,0 % du PIB), deux ...

5 Bases de données
5.1 Généralités
5.1.1.1 Qu'est-ce qu'une base de données?

Une base de données est un système organisé *(une structure)* de stockage et de gestion des données, permettant la saisie, la consultation, la modification et l'extraction d'informations de manière structurée et efficace. Les bases de données sont utilisées pour stocker des données provenant de diverses sources et peuvent être utilisées dans de nombreux domaines, tels que la gestion des clients, les systèmes de réservation, les réseaux sociaux, les sites de commerce électronique et bien d'autres.

Les bases de données peuvent être classées en deux grands types : relationnelles et non relationnelles.

1. Bases de données relationnelles : Ces bases de données reposent sur le modèle relationnel, où les données sont organisées en tables composées de lignes et de colonnes. Chaque colonne représente un attribut (par exemple, le nom, l'âge, l'adresse), tandis que chaque ligne représente une entrée ou un enregistrement unique. Les tables sont reliées entre elles par des relations, ce qui permet d'établir des liens entre les différentes données *(exemple : un lien client → commandes permettant de trouver toutes les commandes d'un client donné)*. Les bases de données relationnelles utilisent généralement des langages de requête structurés, comme SQL (Structured Query Language), pour interagir avec les données.

2. Bases de données non relationnelles : Ces bases de données, également appelées NoSQL (Not only SQL), n'utilisent pas le modèle relationnel et offrent une plus grande flexibilité dans la manière dont les données sont stockées et organisées. Les bases de données non relationnelles incluent les bases de données orientées documents (comme MongoDB), les bases de données de valeurs-clés (comme Redis), les bases de données en colonnes (comme Cassandra) et les bases de données de graphes (comme Neo4j). Chacune de ces bases de données est conçue pour répondre à des besoins spécifiques et présente des avantages et des inconvénients en fonction de l'utilisation prévue.

Le choix d'une base de données dépend des besoins spécifiques du projet, de la structure des données, des performances requises et des compétences de l'équipe de développement.

GPT a raison, mais sa réponse omet l'essentiel : le modèle relationnel de données a été adopté parce qu'il présente un avantage unique. Lorsqu'une table relationnelle est un ensemble non-redondant de lignes, la logique mathématique montre que <u>toutes</u> les manipulations logiques de ses données peuvent être faites avec les opérations et la rigueur de la Théorie des ensembles.

C'est pourquoi j'ai publié en 1977 dans [5] la première définition formelle d'une base de données : « On appelle base de données sur un sujet donné un ensemble de données sur ce sujet qui est exhaustif, non-redondant et structuré en vue de son utilisation ».

On utilise aujourd'hui beaucoup de tables relationnelles, en les gérant avec un logiciel tableur comme Microsoft Excel, ou en langage SQL avec un système de gestion de bases de données (SGBD) relationnel comme Oracle, SQL Server ou DB2.

Ce type structuré de données convient aux applications de gestion (clients, commandes, factures, stocks, paye, comptabilité...) et aux statistiques (économie, sciences...).

Aujourd'hui ChatGPT-4 peut seulement générer (à partir d'une demande en langage naturel) des instructions SQL à faire exécuter par un SGBD ; nous l'avons vu au paragraphe « Langages connus par ChatGPT-4 ». Il ne peut pas (encore ?) les manipuler avec la puissance et l'élégance dont il fait preuve pour les textes. Lorsqu'il pourra le faire, un immense ensemble de connaissances stocké sur Internet ou dans les bases de données privées deviendra accessible d'une manière simple. Voyons donc quelques précisions sur les bases de données relationnelles.

5.2   Bases de données relationnelles

5.2.1 Origine

5.2.1.1 Décrire la théorie des bases de données relationnelles de E. F. Codd

La théorie des bases de données relationnelles a été introduite par Edgar F. Codd, un chercheur d'IBM, en 1970 avec la publication de son article intitulé "A Relational Model of Data for Large Shared Data Banks". Cette théorie a révolutionné la manière dont les données étaient stockées, organisées et gérées dans les systèmes informatiques.

La théorie des bases de données relationnelles de Codd repose sur quelques concepts clés :

1. Modèle relationnel: Le modèle relationnel est un modèle de données dans lequel les données sont organisées en tables, appelées relations. Chaque table est constituée de lignes (enregistrements ou tuples) et de colonnes (attributs). Les colonnes représentent les différents attributs des entités, tandis que les lignes représentent les instances de ces entités.

2. Clé primaire: Chaque table doit avoir une clé primaire, qui est un attribut ou un ensemble d'attributs permettant d'identifier de manière unique chaque enregistrement dans la table. La clé primaire garantit l'intégrité des données et permet de créer des liens entre les différentes tables.

3. Intégrité référentielle: L'intégrité référentielle est un ensemble de règles qui garantit la cohérence des données entre les différentes tables d'une base de données relationnelle. L'intégrité référentielle est assurée par l'utilisation de clés étrangères, qui sont des attributs d'une table faisant référence à la clé primaire d'une autre table. Cela permet de créer des relations entre les tables et de garantir que les données sont cohérentes et à jour.

4. Opérations relationnelles: Codd a également défini un ensemble d'opérations relationnelles qui peuvent être effectuées sur les tables pour manipuler et interroger les données. Ces opérations incluent la sélection, la projection, la jointure, l'union, la différence et le produit cartésien. Ces opérations sont souvent implémentées à l'aide du langage de requête SQL (Structured Query Language).

5. Normalisation: La normalisation est un processus de conception des bases de données relationnelles qui vise à minimiser la redondance des données et à éviter les anomalies lors de l'insertion, de la modification ou de la suppression des données. La normalisation implique la décomposition des tables en tables plus petites et plus simples, tout en préservant les relations entre les tables. Il existe plusieurs formes normales, chacune ayant des règles spécifiques à respecter pour assurer un niveau de normalisation approprié.

La théorie des bases de données relationnelles de Codd a eu un impact significatif sur la manière dont les données sont stockées et gérées dans les systèmes informatiques. Aujourd'hui, les bases de données relationnelles sont largement utilisées dans diverses applications, allant des systèmes de gestion de la clientèle aux sites de commerce électronique en passant par les réseaux sociaux.

5.2.1.2 En informatique de gestion, quels sont les avantages d'un SGBD relationnel par rapport à l'emploi de fichiers traditionnels?

Les systèmes de gestion de bases de données relationnelles (SGBD-R) offrent de nombreux avantages par rapport à l'utilisation de fichiers traditionnels dans le domaine de l'informatique de gestion :

1. Organisation structurée des données: Les SGBD-R organisent les données en tables avec des colonnes et des lignes clairement définies, facilitant la compréhension et la manipulation des données.

2. Intégrité des données: Les SGBD-R permettent de définir des contraintes d'intégrité telles que les clés primaires, les clés étrangères et les contraintes d'unicité, garantissant la cohérence et la validité des données.

3. Normalisation: Les SGBD-R encouragent la normalisation des données, ce qui réduit la redondance et les anomalies lors des opérations d'insertion, de mise à jour et de suppression.

4. Requêtes et manipulation des données: Les SGBD-R utilisent des langages de requête structurés, tels que SQL, pour faciliter l'interrogation, la récupération et la manipulation des données. Cela permet d'effectuer des opérations complexes sur les données de manière simple et efficace.

5. Gestion des transactions: Les SGBD-R assurent la gestion des transactions, garantissant l'intégrité des données et la réalisation cohérente des opérations même en cas de pannes ou d'erreurs.

6. Sécurité et contrôle d'accès: Les SGBD-R offrent des mécanismes de sécurité pour contrôler l'accès aux données et protéger les informations sensibles, y compris les permissions d'accès basées sur les utilisateurs et les rôles.

7. Évolutivité et performances: Les SGBD-R sont conçus pour gérer de grandes quantités de données et offrent des fonctionnalités d'optimisation pour améliorer les performances des requêtes, telles que l'indexation et le partitionnement.

8. Maintenance et administration: Les SGBD-R fournissent des outils pour faciliter la maintenance et l'administration des bases de données, y compris la sauvegarde, la restauration, la récupération et la surveillance des performances.

9. Interopérabilité: Les SGBD-R sont largement adoptés et standardisés, ce qui facilite l'intégration avec d'autres systèmes et applications.

En somme, les SGBD-R offrent une approche structurée et cohérente pour la gestion des données, facilitant la manipulation, l'interrogation et la maintenance des informations dans le domaine de l'informatique de gestion. Ils contribuent à améliorer l'efficacité, la sécurité et la fiabilité des opérations liées aux données par rapport à l'utilisation de fichiers traditionnels.

5.2.1.3 Citer des logiciels d'application largement utilisés basés sur un SGBD-R, avec pour chacun un lien Internet vers la société qui le commercialise

Voici quelques logiciels d'application largement utilisés basés sur des systèmes de gestion de bases de données relationnelles (SGBD-R), ainsi que des liens vers les sociétés qui les commercialisent :

1. SAP ERP (Enterprise Resource Planning) : SAP est une suite intégrée d'applications de gestion d'entreprise qui couvre des domaines tels que la finance, la logistique, la gestion des ressources humaines et le contrôle de gestion. SAP utilise des SGBD-R tels que SAP HANA, Oracle Database, Microsoft SQL Server et IBM DB2 pour stocker et gérer les données.
Site officiel : https://www.sap.com/

2. Microsoft Dynamics 365 : Microsoft Dynamics 365 est une suite d'applications d'entreprise qui inclut des solutions pour la gestion de la relation client (CRM), la planification des ressources d'entreprise (ERP) et d'autres domaines fonctionnels. Microsoft Dynamics 365 utilise Microsoft SQL Server comme SGBD-R sous-jacent. Site officiel : https://dynamics.microsoft.com/

3. Salesforce : Salesforce est une plateforme de gestion de la relation client (CRM) basée sur le cloud qui aide les entreprises à gérer les ventes, le service client, le marketing et d'autres domaines. Salesforce utilise sa propre base de données relationnelle personnalisée pour stocker et gérer les données des clients.
Site officiel : https://www.salesforce.com/

4. Oracle E-Business Suite : Oracle E-Business Suite est une suite intégrée d'applications d'entreprise qui comprend des modules pour la finance, la gestion de la chaîne d'approvisionnement, les ressources humaines et d'autres domaines. Oracle E-Business Suite utilise Oracle Database comme SGBD-R sous-jacent. Site officiel : https://www.oracle.com/applications/ebusiness/

5. Odoo : Odoo est une suite open-source d'applications d'entreprise qui comprend des modules pour la gestion de la relation client (CRM), la planification des ressources d'entreprise (ERP), le commerce électronique et d'autres domaines. Odoo utilise des SGBD-R tels que PostgreSQL pour stocker et gérer les données.
Site officiel : https://www.odoo.com/

Ces logiciels d'application illustrent la manière dont les SGBD-R sont utilisés pour soutenir diverses applications d'entreprise dans des domaines tels que la gestion de la relation client, la planification des ressources d'entreprise et la gestion de la chaîne d'approvisionnement.

5.2.2 Demandes en langage naturel à ChatGPT-4 qu'il traduit en langage SQL

L'exemple suivant montre comment, dans une base de données d'entreprise contenant un historique des factures des clients de 2020, 2021 et 2022, on peut trouver grâce au langage SQL ceux des clients qui achètent de moins en moins d'une année sur l'autre. Ce sont là des clients à démarcher d'urgence.

En informatique traditionnelle, où on ne dispose que de fichiers à accès direct ou de fichiers indexés, ce problème demande l'écriture d'une application sur-mesure. Le délai et le coût humain de développement décourageraient souvent cette écriture et certains de ces clients ne seraient pas recontactés.

Avec en SGBD relationnel et ChatGPT-4 c'est une affaire d'une heure.

5.2.2.1 Ecrire en SQL le programme suivant. Créer une table FACTURES à 3 colonnes: CLIENT (nombre entier), DATE (date) et MONTANT (nombre entier).

Voici le code SQL pour créer la table FACTURES avec les colonnes CLIENT, DATE et MONTANT:

```sql
CREATE TABLE FACTURES (
   CLIENT INT,
   DATE DATE,
   MONTANT INT
);
```

Cette commande crée une table appelée FACTURES avec trois colonnes: CLIENT de type entier, DATE de type date et MONTANT de type entier. Cette table est vide pour l'instant, mais elle peut être utilisée pour stocker des données de facturation une fois que des enregistrements y sont ajoutés.

5.2.2.2 Pendant les années 2020, 2021 et 2022 l'activité commerciale a rempli la table FACTURES avec une ou plusieurs lignes pour chaque CLIENT, chaque ligne comprenant une DATE et un MONTANT. A partir de FACTURES construire une table TOT2020 à 2 colonnes: CLIENT et CA2020 (entier) somme des MONTANT de chaque CLIENT pour DATE=2020.

Voici le code SQL pour créer la table TOT2020 avec deux colonnes CLIENT et CA2020 qui correspond à la somme des montants de chaque client pour la date 2020 :

```sql
CREATE TABLE TOT2020 AS
SELECT CLIENT, SUM(MONTANT) AS CA2020
FROM FACTURES
WHERE DATE BETWEEN '2020-01-01' AND '2020-12-31'
GROUP BY CLIENT;
```

La requête SELECT sélectionne les colonnes CLIENT et la somme de tous les MONTANT pour chaque CLIENT pour lesquels la DATE est comprise entre le 1er janvier 2020 et le 31 décembre 2020 inclus. La clause GROUP BY permet de regrouper les résultats par CLIENT. Le résultat est stocké dans la table TOT2020.

(De même, créer deux tables TOT2021 et TOT2022)

5.2.2.3 Créer une table HISTORIQUE avec 4 colonnes: CLIENT, S2020 (entier), S2021 (entier), S2022 (entier) où S2020=0, S2021=0, S2022=0

Voici le code SQL pour créer la table HISTORIQUE avec 4 colonnes: CLIENT, S2020 (entier), S2021 (entier), S2022 (entier) où S2020=0, S2021=0, S2022=0 :

```sql
CREATE TABLE HISTORIQUE (
   CLIENT INT,
   S2020 INT DEFAULT 0,
   S2021 INT DEFAULT 0,
   S2022 INT DEFAULT 0
);
```

La commande CREATE TABLE crée une nouvelle table appelée HISTORIQUE avec les colonnes CLIENT, S2020, S2021 et S2022, où les valeurs par défaut sont toutes définies à 0. Cette table peut être utilisée pour stocker l'historique des ventes de chaque client pour les années 2020, 2021 et 2022.

5.2.2.4 Pour chaque CLIENT mettre à jour la table HISTORIQUE à partir de TOT2020 avec S2020=CA2020. Mettre à jour la table HISTORIQUE à partir de TOT2021 avec S2021=CA2021. Mettre à jour la table HISTORIQUE à partir de TOT2022 avec S2022=CA2022.

Voici le code SQL pour mettre à jour la table HISTORIQUE à partir de TOT2020, TOT2021 et TOT2022 en mettant à jour les colonnes S2020, S2021 et S2022 avec les valeurs CA2020, CA2021 et CA2022 respectivement pour chaque CLIENT :

```
UPDATE HISTORIQUE
SET S2020 = TOT2020.CA2020
FROM TOT2020
WHERE HISTORIQUE.CLIENT = TOT2020.CLIENT;

UPDATE HISTORIQUE
SET S2021 = TOT2021.CA2021
FROM TOT2021
WHERE HISTORIQUE.CLIENT = TOT2021.CLIENT;

UPDATE HISTORIQUE
SET S2022 = TOT2022.CA2022
FROM TOT2022
WHERE HISTORIQUE.CLIENT = TOT2022.CLIENT;
```

La première commande UPDATE met à jour la colonne S2020 de la table HISTORIQUE avec la valeur CA2020 de la table TOT2020 pour chaque CLIENT correspondant. La deuxième commande met à jour la colonne S2021 de la table HISTORIQUE avec la valeur CA2021 de la table TOT2021 pour chaque CLIENT correspondant. La troisième commande met à jour la colonne S2022 de la table HISTORIQUE avec la valeur CA2022 de la table TOT2022 pour chaque CLIENT correspondant.

5.2.2.5 Créer une table DANGER à 4 colonnes CLIENT(entier), D2020 (entier), D2021 (entier), D2022 (entier) à partir de HISTORIQUE où on a (D2020>D2021>D2022) ou (D2020=0 et D2021>D2022)

Voici le code SQL pour créer la table DANGER avec 4 colonnes CLIENT, D2020, D2021 et D2022 à partir de la table HISTORIQUE, en incluant uniquement les clients qui répondent à l'une des deux conditions suivantes : (D2020>D2021>D2022) ou (D2020=0 et D2021>D2022) :

```
CREATE TABLE DANGER AS
SELECT CLIENT, S2020 AS D2020, S2021 AS D2021, S2022 AS D2022
FROM HISTORIQUE
WHERE (S2020 > S2021 AND S2021 > S2022) OR (S2020 = 0 AND S2021 > S2022);
```

La requête SELECT sélectionne les colonnes CLIENT, S2020, S2021 et S2022 de la table HISTORIQUE et les renomme respectivement en D2020, D2021 et D2022 dans la table DANGER. La clause WHERE filtre les résultats pour inclure uniquement les clients pour lesquels (D2020>D2021>D2022) ou (D2020=0 et D2021>D2022). Le résultat est stocké dans la table DANGER.

Nous avons supposé, dans l'exemple précédent, que la personne qui écrit en français les demandes à traduire en SQL a compris le concept de table relationnelle, avec son exigence d'unicité des éléments-clé et les opérations de base :

- *de définition d'ensemble (ici : de table),*
- *de recherche d'éléments de cet ensemble satisfaisant des conditions données,*
- *et de possibilité de sommer une colonne des lignes trouvées.*

6 Développement d'applications utilisant ChatGPT

En informatique on appelle API (Application Programming interface) d'un logiciel comme ChatGPT-4 un ensemble d'outils et de règles d'emploi permettant le développement d'applications utilisant ce logiciel.

6.1.1.1 OpenAI offre-t-il une API pour le développement d'applications accédant aux divers services de GPT ?

Oui, OpenAI offre une API appelée "OpenAI API" qui permet aux développeurs d'accéder aux services de GPT pour développer des applications d'IA. Cette API fournit un accès aux modèles de langage GPT-3 et GPT-2, ainsi qu'à d'autres outils d'IA développés par OpenAI, tels que DALL-E et CLIP.

L'API OpenAI permet aux développeurs de créer des applications de traitement du langage naturel, de génération de texte, de traduction, de résumé de texte, de classification de texte et bien plus encore. Cependant, l'utilisation de l'API OpenAI est soumise à des conditions d'utilisation et nécessite un abonnement payant.

Pour plus d'informations sur l'API OpenAI, vous pouvez consulter la documentation officielle sur leur site web https://platform.openai.com/overview.

6.1.1.2 Décrire les outils de ChatGPT pour développeurs d'applications

ChatGPT peut être intégré dans diverses applications à l'aide de *(l'interface de programmation)* API de OpenAI. Les développeurs d'applications peuvent utiliser cette API pour intégrer les fonctionnalités de génération de texte et de traitement du langage naturel (NLP) de ChatGPT dans leurs propres applications, services ou produits.

Voici quelques outils et ressources pour les développeurs qui souhaitent travailler avec ChatGPT :

1. API OpenAI : La première étape pour utiliser ChatGPT dans une application est de s'inscrire pour obtenir une clé API auprès d'OpenAI. Une fois que vous avez accès à l'API, vous pouvez interagir avec ChatGPT en envoyant des requêtes HTTP POST et en recevant des réponses JSON. La documentation de l'API OpenAI fournit des informations détaillées sur la manière d'utiliser l'API, y compris des exemples de code pour différents langages de programmation : https://beta.openai.com/docs/

2. Bibliothèques clientes : OpenAI fournit des bibliothèques clientes pour faciliter l'intégration de ChatGPT dans différentes applications. Ces bibliothèques sont disponibles pour plusieurs langages de programmation tels que Python, JavaScript (Node.js), etc. Vous pouvez trouver des exemples de code et des ressources dans la documentation de l'API OpenAI.

3. SDK et outils tiers : En plus des ressources officielles fournies par OpenAI, il existe également des SDK et des outils tiers développés par la communauté pour faciliter l'intégration de ChatGPT dans diverses applications et services. Vous pouvez trouver ces outils en effectuant des recherches en ligne ou en parcourant des dépôts de logiciels open source tels que GitHub.

4. Forums et groupes de discussion : Les développeurs peuvent également trouver du soutien et des ressources dans des forums en ligne et des groupes de discussion dédiés à l'IA, au NLP et à ChatGPT en particulier. Ces communautés offrent des opportunités d'apprendre des expériences des autres développeurs,

de poser des questions et d'obtenir des conseils sur les meilleures pratiques pour intégrer ChatGPT dans diverses applications.

En utilisant ces ressources et outils, les développeurs peuvent intégrer les fonctionnalités puissantes de ChatGPT dans leurs applications et créer des expériences utilisateur innovantes et engageantes.

Voir ci-dessus le paragraphe « Utilisation de l'IA en biologie moléculaire ».

Nous ne développons pas ce sujet d'informatique professionnelle dans cet ouvrage destiné à des utilisateurs.

7 Réflexions sur l'impact social de ChatGPT-4

Nous avons vu ci-dessus, sur des exemples, que la disponibilité de ChatGPT-4 va révolutionner certaines activités comme la traduction et la recherche de textes législatifs ou documentaires. Voici quelques compléments.

7.1   Lois de Metcalfe et de Reed

7.1.1.1 *Enoncer la loi de Robert Metcalfe*

La loi de Metcalfe énonce *(affirme)* que la valeur d'un réseau est proportionnelle au carré du nombre de ses utilisateurs. Cette loi porte le nom de Robert Metcalfe, co-inventeur de la technologie *(protocole réseau)* Ethernet et fondateur de la société 3Com.

Dans le contexte de réseaux sociaux et de plates-formes numériques, cette loi a été largement utilisée pour expliquer comment la valeur ajoutée de ces plates-formes augmente avec chaque utilisateur supplémentaire. Par exemple, plus il y a d'utilisateurs sur un réseau social comme Facebook ou Twitter, plus la valeur de ce réseau augmente pour chaque utilisateur, car il y a plus de personnes à qui se connecter, partager et interagir.

Cependant, cette loi a été remise en question pour sa simplicité, et d'autres lois, comme la loi de Reed, ont été proposées pour modéliser plus précisément la valeur des grands réseaux. La loi de Reed propose que la valeur d'un réseau large *(grand)* peut augmenter de manière exponentielle, et non quadratique, en fonction du *(avec le)* nombre d'utilisateurs.

Conclusions

- *Plus Internet a d'utilisateurs plus son intérêt croît pour chaque utilisateur, plus il devient une cause dominante d'évolution de notre société, et plus les fournisseurs dominants de solutions IA comme Microsoft et Alphabet (Google) domineront leur marché.*

- *Les utilisateurs s'habitueront alors de plus en plus à profiter d'outils IA, jusqu'à ce qu'ils ne puissent plus s'en passer. C'est ce qui est arrivé avec les téléphones portables, les communications et accès aux données par Internet, et les logiciels comme Word.*

    Notre XXIe siècle est caractérisé par des volumes de données immenses, pour lesquels l'utilisation de l'intelligence artificielle générative est indispensable. Nous n'avons pas d'autre solution pour y retrouver des données, les résumer, en faire la synthèse et s'en servir pour prendre des décisions rationnelles.

    Exemple : Le Code du Travail à jour du 07/06/2023 (6997 Ko téléchargés) contient 3322 pages et 4367 articles « Article L... ». Une demande de synthèse sur un sujet donné relève bien de l'intelligence artificielle générative.

- *Les fournisseurs des outils d'intelligence artificielle générative auront de plus en plus d'emprise sur leurs utilisateurs, et les législateurs devront veiller à empêcher les abus et protéger les données individuelles.*

- *Plus les solutions de haute technologie se répandent et plus la société se divise en deux classes : ceux qui s'y adaptent, en maîtrisent l'emploi et en profitent, et ceux qui sont déclassés et en souffrent. Ces inégalités ne peuvent être combattues que par de la formation continue tout au long de la vie ; aucune tentative d'arrêter le progrès ne peut réussir, car il a trop de sources dans trop de pays, et trop d'argent en jeu.*

7.2   Les biais de ChatGPT

ChatGPT-4 ne peut puiser les renseignements et les opinions qu'il nous fournit que dans la base de données initiale sur laquelle il a été formé. Comme cette base de données contenait seulement des textes choisis par OpenAI, rien ne garantit que ces choix aient été parfaitement neutres politiquement, socialement et économiquement, c'est-à-dire exempts de tout parti-pris, tout préjugé, toute idéologie. Du reste, Internet lui-même n'offre aucune garantie de neutralité, chacun pouvant y publier ce qu'il veut. Pire, même : Internet n'offre aucune garantie de véracité des informations – si on admet l'existence et l'unicité éventuelles d'une telle véracité pour chaque utilisateur qui y accède. Enfin, ChatGPT n'a ni sens critique ni discernement…

Une conclusion s'impose donc : la base de données de formation de ChatGPT sera nécessairement jugée biaisée par tout utilisateur qui a ses propres opinions et ses propres valeurs.

Voici donc un résumé de jugements trouvés sur Internet en septembre 2021 concernant le problème social américain appelé « wokisme », dont l'article [7] est un exemple publié par un juriste.

7.2.1.1   Résume en français les publications selon lesquelles Internet contient beaucoup d'opinions woke

L'expression "woke" vient du mot anglais qui signifie "éveillé". Il est souvent utilisé pour décrire une sensibilisation à des questions de justice sociale et d'égalité, particulièrement en ce qui concerne le racisme et la discrimination. Internet est un espace où ces discussions et ces points de vue ont tendance à prospérer, car il offre une plateforme pour le partage d'informations et la discussion.

Plusieurs publications soulignent que l'Internet est saturé d'opinions "woke". Cela est dû en grande partie à la nature démocratique du web, qui permet à chacun de partager ses idées et ses opinions. Par ailleurs, de nombreux mouvements sociaux ont trouvé un écho sur Internet, comme le mouvement Black Lives Matter ou la défense des droits des personnes LGBTQ+. Les réseaux sociaux en particulier sont des plateformes où ces opinions sont souvent discutées et partagées.

Cependant, ces publications notent également que la présence importante de ces opinions woke sur Internet a aussi ses inconvénients. Pour certains, cela peut mener à une forme d'exclusion ou d'intolérance envers ceux qui ne partagent pas ces points de vue. D'autres s'inquiètent que l'Internet soit devenu un lieu où le débat est parfois stérilisé par peur d'offenser.

Il convient de noter que ces publications reflètent une variété d'opinions et de perspectives sur le phénomène woke. Certaines personnes applaudissent l'éveil social qu'elles voient se produire sur Internet, tandis que d'autres sont plus critiques. En fin de compte, il est important de faire preuve d'esprit critique et de discernement lors de la navigation sur Internet et de la consommation de contenu en ligne.

Regenerate response

Plusieurs publications soulignent la présence d'un grand nombre d'opinions "woke" sur Internet. Le terme "woke" fait référence à une conscience accrue des problèmes sociaux et politiques, en particulier ceux liés au racisme, au sexisme et à d'autres formes d'oppression.

Selon ces publications, Internet est devenu un foyer pour les idées woke, où les gens partagent et discutent de ces questions pour sensibiliser le public et promouvoir l'égalité. Cependant, certains critiques estiment que le mouvement woke peut parfois aller trop loin, en favorisant une culture de l'annulation et en étouffant le débat. Malgré ces critiques, les idées woke continuent de jouer un rôle important dans les conversations en ligne, contribuant à un changement progressif des normes sociales et culturelles.

7.3 Impact sur l'enseignement

7.3.1.1 Comment l'enseignement peut-il profiter de ChatGPT-4? En quoi les élèves et les enseignants doivent ils apprécier ou redouter l'arrivée de ChatGPT-4? Donner des exemples factuels de chaque argument, avec l'établissement, le problème et la date

L'enseignement peut profiter de ChatGPT-4 de plusieurs manières :

1. Ressource complémentaire pour l'enseignement : L'IA peut être utilisée comme un outil d'enseignement complémentaire, capable de fournir des explications supplémentaires ou différentes sur un sujet donné. Par exemple, à l'Université de Cambridge, en 2022, ChatGPT-4 a été utilisé dans le cadre d'un programme pilote pour aider les étudiants en physique. Les étudiants ont utilisé l'IA pour poser des questions sur des concepts difficiles, et l'IA a fourni des explications claires et précises. Cela a permis aux étudiants de comprendre plus rapidement et efficacement les concepts difficiles.

2. Assistance pour les devoirs : L'IA peut également aider les élèves avec leurs devoirs, en fournissant des réponses détaillées à des questions spécifiques. À l'école secondaire de Boston, en 2023, ChatGPT-4 a été utilisé pour aider les élèves avec leurs devoirs d'histoire. Les élèves ont posé des questions spécifiques à l'IA, qui a fourni des réponses détaillées basées sur une vaste connaissance historique.

Cependant, il y a aussi des inquiétudes quant à l'utilisation de ChatGPT-4 dans l'enseignement :

1. Dépendance excessive à l'IA : Les élèves peuvent devenir trop dépendants de l'IA pour l'apprentissage, ce qui peut nuire à leur capacité à penser de manière critique et indépendante. Par exemple, à l'école primaire de Lyon, en France, en 2023, certains parents et enseignants se sont inquiétés du fait que les élèves utilisaient ChatGPT-4 pour répondre à toutes leurs questions de devoirs, plutôt que de faire des recherches indépendantes.

2. Fiabilité de l'information : L'IA est basée sur des algorithmes et des bases de données qui peuvent contenir des erreurs ou des informations obsolètes. Il est donc essentiel de vérifier les informations fournies par l'IA. Par exemple, au lycée de Berlin, en Allemagne, en 2023, un enseignant a découvert que ChatGPT-4 avait fourni une information incorrecte sur un sujet d'histoire, ce qui a conduit à une discussion sur la nécessité de vérifier les informations fournies par l'IA.

Dans l'ensemble, il est important d'utiliser l'IA comme un outil d'enseignement complémentaire *(personnalisé)*, et non comme un remplacement de l'enseignement traditionnel. Les élèves et les enseignants doivent également être conscients de la nécessité de vérifier les informations fournies par l'IA.

ChatGPT-4 existe aujourd'hui, il est illusoire de chercher à l'ignorer ou à empêcher son utilisation. Pour contrôler les connaissances d'élèves, il reste l'examen oral et les tests de créativité et de discernement. Même disposant de ChatGPT-4, si l'élève doit imaginer ou critiquer une solution pour un problème qu'on lui pose, on jugera la qualité de sa réponse ; cette méthode est valable en sciences humaines comme en sciences exactes.

7.4 Utilité de ChatGPT-4 en politique ou dans les conflits sociaux

Nous voyons tous les jours des affirmations de politiciens ou de syndicalistes qui sont mensongères, exagérées ou illusoires. ChatGPT-4, Bing Chat, etc. permettent souvent d'en évaluer le caractère vrai, faux, plausible ou impossible, en interrogeant les publications Internet. Encore faut-il qu'une personne se donne le mal de le faire, comme le font les journalistes des sites comme :

- *Lumni* - Vérité ou véracité de l'information
  https://www.lumni.fr/article/verite-ou-veracite-de-l-information
- *Le Monde* – Le Décodex, un outil de vérification de l'information
  https://www.lemonde.fr/les-decodeurs/article/2017/01/23/le-decodex-un-premier-premier-pas-vers-la-verification-de-masse-de-l-information_5067709_4355770.html

L'IA générative peut désormais être utilisée pour vérifier systématiquement les déclarations, promesses et critiques des politiciens, dans des serveurs qui analysent les déclarations et publient des preuves de fausseté, d'exagération ou de vérité.

Mais hélas elle peut aussi être utilisée pour inonder Internet et les réseaux sociaux de fausses nouvelles, écrites ou filmées, si nombreuses qu'on ne peut toutes les déconstruire. L'Union Européenne publiera bientôt une directive obligeant les plateformes comme Facebook Twitter, etc. à modérer ce qu'elles diffusent.

7.5 Des plateformes plus puissantes que bien des Etats

Il y a 40 ans, des sociétés multinationales comme IBM ou General Electric avaient déjà des chiffres d'affaires supérieurs aux PIB de nombreux états africains, asiatiques ou latino-américains. Elles pouvaient y influencer le personnel politique et l'économie au mieux de leurs intérêts, comme l'a fait une grande société de vente de bananes en Amérique centrale. Aucun grand pays, Etats-Unis compris, n'aurait pu les détruire, car cela leur aurait coûté trop cher et elles auraient ressuscité ailleurs.

Désormais, les grands pourvoyeurs de services d'intelligence artificielle générative auront peut-être un pouvoir comparable sur la politique et les affaires, voire sur l'enseignement et la recherche. Ils pourront influencer les opinions et les choix politiques par l'impact de leurs analyses et prédictions. Il appartient aux gouvernements de comprendre ce risque et de protéger leurs citoyens.

Et des pays totalitaires, où déjà toute vérité est définie par le pouvoir qui contrôle aussi l'information, auront leurs plateformes nationales d'IA générative…

Ce sont là des risques au niveau de notre civilisation tout entière.

7.6 Impact sur l'emploi

La banque d'affaires américaine Goldman Sachs a publié une étude fin mars 2023, selon laquelle l'intelligence artificielle générative (comme ChatGPT-4) pourrait à terme détruire dans le monde jusqu'à 300 millions d'emplois. Environ deux tiers des emplois aux Etats-Unis seraient affectés, leur charge de travail pouvant être réduite de 50% en moyenne. L'apport de l'intelligence artificielle générative serait un complément à la productivité de 63% des postes de travail, n'affecterait pas 30% d'entre eux et ne causerait la suppression que de 7% des emplois, ce qui est déjà considérable. Voir https://www.bing.com/search?form=MOZLBR&pc=MOZI&q=goldman+sachs+report+on+generative+ai .

Jusqu'à ce jour, la révolution industrielle a surtout remplacé des heures de travail manuel par le travail de machines. Désormais, c'est le travail intellectuel de niveau de qualification moyen qui peut être affecté par l'intelligence artificielle.

Mais l'impact des outils d'IA sur la société sera progressif, car les changements des procédures d'un métier donné sont lents. Non seulement l'homme a une tendance naturelle à s'opposer à un changement imposé, mais avant d'adopter l'utilisation systématique d'un outil d'IA il faut du temps pour formaliser les procédures de travail, du temps pour les mettre en œuvre au quotidien et s'y habituer.

Ainsi, par exemple, l'adoption par une entreprise du logiciel standard SAP [9] pour informatiser les postes de travail de gestion des commandes, des stocks, des factures et de la comptabilité demande souvent un ou deux ans.

7.7 Comment les salariés perçoivent l'IA générative en juin 2023

Source : sondage de 13000 salariés dans 18 pays, dont 1002 en France [12].
Voici quelques résultats.

« Que pensez-vous de l'IA concernant votre emploi ? »

- Les 3 pays les plus optimistes sont :
  - Le Brésil (71% des salariés)
  - L'inde (60%)
  - Le Moyen-Orient (58%)
- Les 3 pays les plus pessimistes sont :
  - Les Pays-Bas (42% des salariés)
  - La France (41%)
  - Le Japon (38%)

  Les Etats-Unis comptent 46% d'optimistes.

« Utilisez-vous l'IA ? »

Niveau	N'utilisent pas l'IA	Utilisent rarement l'IA	Utilisent régulièrement l'IA
Leaders	8%	12%	80%
Managers	31%	23%	56%
Employés	60%	20%	20%

- 46% des employés qui ont répondu affirment avoir essayé l'IA générative au moins une fois.
- 26% s'en servent plusieurs fois par semaine.

<u>« Craignez-vous que l'IA vous fasse perdre votre emploi ? »</u>
- 36% des employés qui ont répondu pensent que leur emploi sera éliminé par l'IA ;
- 86% pensent qu'ils devront suivre une formation à cause de l'IA ;
- 44% des leaders disent qu'ils ont déjà suivi une formation à l'IA.

7.8 L'IA va remodeler la société selon le fondateur de OpenAI

7.8.1 L'IA en tant qu'outil de recherches en biologie

Sources : [13] et [14] - 8 mars 2023 - Sam Altman, fondateur de OpenAI, annonce un investissement personnel de 180 millions de dollars dans la startup Retro Biosciences, qui va utiliser l'intelligence artificielle générative pour chercher une solution biologique au problème d'allongement de 10 ans de l'espérance de vie.

7.8.2 Autres risques de l'IA générative

Source : interview du 25/03/2023 de Sam Altman, sur ABC News - https://abcnews.go.com/Technology/openai-ceo-sam-altman-ai-reshape-society-acknowledges/story?id=97897122

<u>*L'utilisation d'IA générative présente aussi de gros risques*</u>

Altman redoute l'utilisation des logiciels d'IA générative pour de la désinformation à grande échelle, en fournissant des informations fausses ou carrément inventées. Il redoute aussi la génération de logiciels de cyberattaque. Il redoute enfin que ces logiciels soient à la disposition de gens malfaisants, ou d'imprudents qui ne leur imposeraient pas des règles de sécurité contraignantes comme celles de OpenAI. « Notre société ne dispose que d'un délai limité pour trouver comment réglementer et gérer cette IA », dit-il.

Une technologie de raisonnement, pas un moteur de recherche

Mira Murati, Directeur de la Technologie d'OpenAI qui participait à l'interview, expliqua qu'il faut se représenter l'IA générative comme une technologie de raisonnement. Elle peut aussi chercher dans une base de données de connaissances, mais ce n'est pas la fonctionnalité qui les distingue d'autres technologies d'IA. Nous essayons d'en faire un moteur de raisonnement, pas un moteur de recherche.

Altman et son équipe espèrent que leur technologie permettra peu à peu des raisonnements déductifs capables de discerner le vrai du faux. A ce point de vue, ChatGPT-4 est déjà 40% meilleur que la version précédente, mais on ne doit pas encore s'en servir comme source principale d'information ; on doit vérifier les résultats qu'il produit.

Des barrières de sécurité renforcées progressivement

Ainsi, ChatGPT-4 refuse de fournir des recettes pour fabriquer une bombe, il dispose de barrières logicielles qui l'en empêchent. OpenAI a une équipe de réglementeurs qui décident ce que ChatGPT peut dire ou ne pas dire. L'utilisation de la version actuelle par des millions d'utilisateurs permet de préciser progressivement ses règles de sécurité.

Conséquence : le logiciel ouvert et public de GPT est devenu fermé et privé

Lors de sa fondation, le logiciel d'OpenAI devait être ouvert, son code devait être disponible à tout le monde sans restriction. OpenAI avait vocation d'être un organisme de recherche sans but lucratif. C'est la promesse qu'il avait faite à ceux qui l'ont financé. Mais depuis, son pouvoir de nuisance a été jugé trop important pour permettre à n'importe quel acteur mal intentionné de s'en servir. C'est une première raison pour laquelle OpenAI en fait aujourd'hui un logiciel fermé, propriété privée.

Il y a aussi une seconde raison, sans doute plus importante. Microsoft, qui y investit désormais des sommes de l'ordre du milliard de dollars, ne veut pas que des concurrents comme Google ou Amazon Web Services en profitent gratis.

7.9 L'Union européenne va réglementer l'utilisation de l'IA

D'ici la fin de 2023, l'Union Européenne aura sans doute adopté la directive « AI Act », que la Commission étudie depuis 2021 pour éviter aux Européens les risques de sécurité de cette technologie, tout en encourageant son emploi dans les secteurs d'activité innovants comme la pharmacie, la robotique ou l'aéronautique. Voir le document de la Commission européenne [8].

7.10 Promesses finales

Sous la pression de la concurrence, ChatGPT-4, son futur concurrent BARD chez Google et Bing évoluent très vite, avec des annonces chaque semaine. C'est à qui de Microsoft ou de Google enrichira le plus et le plus vite son produit. Un livre comme celui-ci devrait donc être mis à jour tous les mois !

8   Références

[1] « Critique de la raison pure », par Emmanuel Kant
https://www.amazon.fr/Critique-raison-pure-Emmanuel-Kant/dp/213060871X/ref=sr_1_1?__mk_fr_FR=%C3%85M%C3%85%C5%BD%C3%95%C3%91&crid=33V05UDPR08VY&keywords=kant+critique+de+la+raison+pure+traduction+Alain+Renaut&qid=1682693774&sprefix=kant+critique+de+la+raison+pure+traduction+alain+renaut%2Caps%2C71&sr=8-1

[2] "Attention is All You Need" est disponible gratis en format PDF à l'adresse *1706.03762v5.pdf (arxiv.org)*. C'est un texte technique en anglais destiné aux chercheurs en IA.

[3] Article 'The Godfather of AI' Quits Google and Warns of Danger Ahead' - https://www.nytimes.com/2023/05/01/technology/ai-google-chatbot-engineer-quits-hinton.html

[4] Articles :

- « Parallel Universes » - multiverse.pdf (mit.edu)
- "The Multiverse" - https://www.researchgate.net/profile/Victor-Andrei-Bodiut/publication/303859846_The_Multiverse/links/5759013508ae414b8e3f641e/The-Multiverse.pdf

[5] Livre « Bases de données méthodes pratiques sur maxi et mini-ordinateurs », par Daniel Martin (Dunod, 1977)

[6] Livre « Comment le déterminisme régit *toutes* les lois de la physique », disponible en format PDF téléchargeable à l'adresse http://www.danielmartin.eu/determinisme.pdf , et en format papier sur Amazon.

[7] Article « ChatGPT Is Seriously Woke A.I. »
https://amgreatness.com/2022/12/30/chatgpt-is-seriously-woke-a-i/

[8] Proposition de RÈGLEMENT DU PARLEMENT EUROPÉEN ET DU CONSEIL ÉTABLISSANT DES RÈGLES HARMONISÉES CONCERNANT L'INTELLIGENCE ARTIFICIELLE (LÉGISLATION SUR L'INTELLIGENCE ARTIFICIELLE) ET MODIFIANT CERTAINS ACTES LÉGISLATIFS DE L'UNION - COM/2021/206 final
https://eur-lex.europa.eu/resource.html?uri=cellar:e0649735-a372-11eb-9585-01aa75ed71a1.0020.02/DOC_1&format=PDF

[9] Logiciel standard SAP : https://www.sap.com/france/about/company/what-is-sap.html

[10]   Article sur la fonction *Bing Chat*, mettant en œuvre l'IA dans Microsoft Edge
https://www.microsoft.com/fr-fr/edge/features/bing-chat?form=MT00D8

[11]   Livre « Mécanique quantique » par Claude Cohen Tannoudji, Bernard Diu et Franck Laloë, éditions Hermann. C'est dans ce livre que j'ai appris la mécanique quantique.

[12]   Sondage de 13000 employés dans 18 pays en juin 2023 par le Boston Consulting Group – https://web-assets.bcg.com/5e/dc/b8352eb844ba9f7bbb20cd47834d/bcgx-ai-at-work-slideshow-media-june-2023.pdf

[13]   Article « Sam Altman invested $180 million into a company trying to delay death - Can anti-aging breakthroughs add 10 healthy years to the human life span? » The CEO of OpenAI is paying to find out. - MIT Technology Review 8 mars 2023
https://www.technologyreview.com/2023/03/08/1069523/sam-altman-investment-180-million-retro-biosciences-longevity-death/

[14]   Annonce du 08/03/2023, traduite en français par ChatGPT-4
https://retro.bio/announcement/

Retro Biosciences, une startup qui cherche à faire reculer la mort
Notre mission est d'augmenter l'espérance de vie humaine saine de dix ans. Cela sera extrêmement difficile et nécessitera des ressources substantielles. Nous avons la chance d'avoir un financement initial de 180 millions de dollars, qui nous mènera à nos premières preuves de concept et garantira le fonctionnement de l'entreprise jusqu'à la fin de la décennie.

Stratégie
Aux États-Unis, environ 90 pour cent de nos dépenses de santé - plus de 3 billions *(milliards)* de dollars - sont consacrés aux maladies liées à l'âge, et cette tendance se retrouve partout dans le monde. Les causes profondes et sous-jacentes des maladies liées à l'âge sont les mécanismes non traités du vieillissement lui-même. En se concentrant sur les moteurs cellulaires du vieillissement, Retro concevra des thérapeutiques capables à terme de prévenir plusieurs maladies. Cette mission aurait semblé trop audacieuse il y a une décennie, mais de nouvelles méthodes telles que la multi-omique à cellule unique *(monocellulaire)*, les perturbations groupées et les systèmes de livraison ciblés nous permettent désormais de comprendre et d'intervenir directement.

Nous identifions les mécanismes de vieillissement pour lesquels les interventions ont montré des preuves de concept robustes chez les mammifères et ont une voie réalisable de traduction chez les humains.
   Pour commencer, nous nous concentrons sur la reprogrammation cellulaire, les thérapeutiques inspirées du plasma, et l'autophagie. Nos programmes sont diversifiés en termes de mécanisme et de stade de développement. Nous avons une molécule dans notre programme d'autophagie qui entrera en clinique dans l'année à venir.
   Dans notre programme plasma, nous caractérisons et optimisons les interventions plasmatiques dans des contextes précliniques et cliniques, avec le premier candidat au développement attendu dans deux ans.
   Notre effort de reprogrammation cellulaire est le plus proche de la recherche fondamentale et le plus en amont dans les mécanismes du vieillissement. Nous travaillerons vers *(chercherons)* une preuve de concept clinique au cours des quatre prochaines années.

Pour soutenir ces trois programmes, nous investissons lourdement dans la multi-omique à cellule unique *(monocellulaire)*, la biologie computationnelle *(modélisée sur ordinateur)* basée sur l'apprentissage automatique, et l'automatisation du laboratoire.

Printed in France by Amazon
Brétigny-sur-Orge, FR